リアルな場ですぐに役立つ

# 最上級のマナーBOOK

ANA元CA・作法家
三 枝 理 枝 子

MEDIA FACTORY

# はじめに

ふるまいの美しいエレガントな人に誰しも憧れるものです。輝きを放つ容姿や、たたずまいの美しい人に出会って、目が釘づけになってしまったこともあるでしょう。

「どうしたらあの人みたいになれるの？」

「どこが自分と違うのかしら？」

「何かしていることがあるのかな？」

女性でしたら、そう考えてしまいますね。

表情、スタイル、ふるまい、言葉遣い、持ち物、人が外面に映し出すものだけでなくて、内面から醸し出す何かを探りたくなりますし、出来ることならエッセンスを真似して、近づきたいと思うはずです。

私はＡＮＡ（全日空）で国内線、国際線のチーフパーサーとしてフライトをしてきました。幸運にも、その間に、ＶＩＰ（Very Important Person）と呼ばれる首相、国賓、皇室、王族の方がた、特別と言われている方がたのお伴をさせていただきました。お近くで、美しいノーブルなオーラを感じとり、エレガントなふるまいを拝見し、自分を見直す機会をいただくという貴重な体験を繰り返すことができました。

そして気づいたのです。

世界基準の特別な人たちには共通点があることを――

一体、何だと思われますか？

それは、美しいフォーム＝型を持っているということでした。最上級のマナー＝作法を心得、日常的に実践し、そこに個性を加えて、自分らしいフォームを創り上げているということです。

特別な人、魅力的な人は、誰もがマナーを身につけていました。

誰からも必要とされる人に共通している美しいフォームとは、礼儀正しく、控えめで、優しく、そしてさり気ない心遣いでした。

マナーは、人間関係を良くし、いい出会いや機会に恵まれる基本のツールです。知識を増やし、経験を積んでいくことよりも、まずはマナーを身につけることが　あなたを際立たせる近道になるでしょう。

たとえば、ビジネスの場において、最上級のマナーはとても大切です。

特別な人は、初対面ですぐにお名前を覚えてくださいます。いつも自然と「お先にどうぞ」と一言かけてくださいます。常に、周りの人を気遣う余裕があるのです。

また、女性の方は、正しいレディーファーストの受け方を知っていますか？　レストランなどでコートを着るときや脱ぐときに、男性が手伝ってくれたら、「大丈夫です」と遠慮していませんか？

ここは、遠慮するのではなく「ありがとうございます」と、相手をニコッと笑顔で見て、身を任せてみましょう。これもエレガントな女性のマナーのひとつです。気品に満ちた女性を見ると、男性は、「この人のことは大切にしたい。何かできることはないだろうか……」と思ってくださいます。

このように、特別な人は、リアルな場に合わせたマナーを身につけていて、相手を気遣い、さらに自分を魅力的に見せることができるのです。最上級のマナーは、自分を魅力的に見せる、自分を演出する魔法です。自然と、ビジネスでは重要な仕事が任せられたり、期待されたりするようになります。プライベートでも、素敵な方からアプローチされる機会も多くなるでしょう。自分の願いが叶い、豊かな人生を送ることができます。

私自身も人として飛び抜けた才能を持った人間ではありませんでした。しかし、マナーを心得、実践することで自分の夢を叶えることができたのです。

「思いやりのある人というのは、思いやりのある人に囲まれているうちに、自然と思いやりの気持ちが育まれていくもの」と言われています。

どのような人に囲まれているかによって、自分が変わります。ご自身が、外面も内面も美しくなり、魅力的で、特別な人と思ってもらえるように輝くためには、まずは美しい趣きのある人を探して、近づいてみるといいでしょう。しかし残念ながら、もしあなたの周りに見当たらないとしたら、どうぞこの本を読んで、ぐっとあなたの人としての価値を高めて下さい。

本書では、まず最初の章で「CAが身につける一生役立つ女性のマナー」を紹介します。普通の女の子だった新人CAは、ビューティーレッスンや立ち居ふるまいの練習し、実際のフライトでCAを演じることでマナーを体得し美しく変わっていきます。CA流マナーの基本をまとめました。

次の2章は、「空の上で学んだVIPのマナー」です。飛行機という特別な空間で、実際に私が学ばせていただいたファーストクラスの方がたの共通点を通じて、相手を思いやるさりげない心遣いを紹介します。

3章では、空の上に限らず、ホテルやレストラン、新幹線など、公の場で特別な方が実践されている「VIPが知っている公の場でのマナー」をまとめました。パーティーでの立ち居ふるまいも参考になると思います。

そして、4章は「エレガントな女性のTPOとテーブルマナー」。女性のための実践の章です。装いやアクセサリーのTPOや、会席料理やフランス料理などのテーブルマナー、レディーファーストの受け方を紹介します。

最後の5章は「美しく年を重ねて夢を叶える女性のマナー」です。女性の人生をより豊かで輝くものにするために大切なことをまとめました。いくつになっても、大きな可能性を秘めた女性に、私からのエールをお贈りします。


最後にもうひとつ、あなたにこの言葉を贈ります。

「強くなりたければ、強いふりをしろ」

この言葉をご存知でしょうか。なりたい姿を想像して、なりきるということが大切ということです。私はこの言葉が大好きです。

「美しい人になりたければ、美しい人のふりをしなさい」「マナーを心得た人になりたいなら、マナーを心得ている人のふりをしなさい」ということですね。

特別な人が習慣としていることを、自分の習慣にしてしまえばいいのです。

その人の行い、何気ない日常のマナーを真似ましょう。日本の伝統文化の習い事の習得は「型から」と言われてきました。まずは型を徹底的に覚え、そこに心を入れていきます。マナーの習得も同じです。

マナーは人を思いやる気持ちから生まれた作法ですが、まず、初めに思いやるべき相手は誰でしょうか。

そう、自分自身です。

自分に思いやりの心が持てないのならば、他人に持てるわけがありません。輝いている女性であり続けるためにも、まずは内なる自分に目を向け、自分自身を感じ、大切にしましょう。

ご自分のことが好きですか。

今日より、明日の私はもっと磨かれる、今の自分より高みを目指したいと強く思うこと、これが最大の原動力になります。

最上級のマナーを習得することで、自分が変わり、次々にいいことがあなたに起こってくるでしょう。そう確信しています。

*contents*
もくじ

## chapter1
# CAが身につける一生役立つ女性のマナー

## chapter2 空の上で学んだＶＩＰのマナー

*chapter3*
# VIPが知っている公の場でのマナー



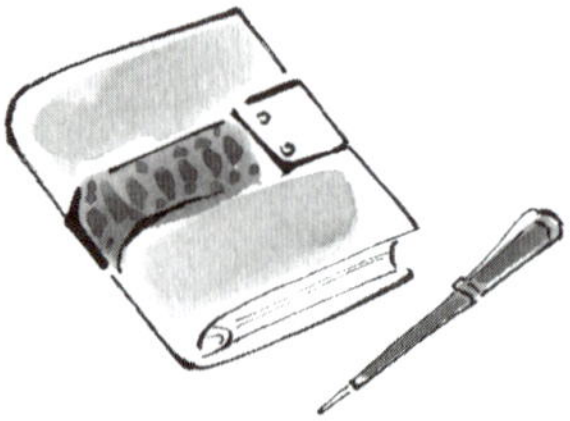

chapter5

# 美しく年を重ねて夢を叶える女性のマナー

*chapter1*

# CAが身につける一生役立つ女性のマナー

CAは、ビューティーレッスンを受け、
徹底的に立ち居ふるまいの練習をすることで
美しさを自然と身につけていきます。
あなたもCAのマナーを習得して、
素敵な女性になりましょう。

「仕事が人を成長させる」と言います。

**「仕事が女性を美しくする」**こちらはいかがでしょうか。

ＣＡ（客室乗務員）の仕事をしていると、不思議なことに、誰しもがどんどん美しくなっていきます。ＣＡの就職試験を受けて入社し、新入訓練を受け、客室部に配属されるまでに少なくとも1ヶ月半はかかりますが、その時点では、ほぼ全員が入社時と同じで、輝き始める人はまずいません。

新入訓練では、ビューティーレッスンを受け、徹底的に立ち居ふるまいの練習をしたり、ホスピタリティマインドもしっかり学びます。プロとしての意識も芽生え、顔つきも変わり始めますが、訓練所で学んだだけですので、当然、教官以外の先輩方にもまれる機会もありませんし、実際のお客様にお会いすることもない段階です。この時点で、素敵なオーラを発する女性になれるわけではありません。つまり訓練バッチを胸につけている頃のＣＡは残念ながら、たとえ親からもらった顔やスタイルが美しかったとしても、女性としての美のオーラ、特別な空気を醸し出しているとは言えないのです。もちろん、新入としての初々しさや、頑張っている感はオーラとして出ていますが、決して魅力的な、うっとりするようなフォームはできていません。

では、一体、どこで磨かれ、変わっていくことができるのでしょうか。

実は、**人は自分の置かれている環境によって、自分の想い次第で、いくらでも変化することができる**のです。仕事へのこだわりがある、注目して大切にしてくれる人がいる、美しい人に囲まれている、心が温かくなるような感動を感じる、ほめてくれる仲間がいる環境なら、誰しも美のオーラを発することができるようになるのです。そうです。**美しさは創られるもの**と信じています。

飛行機という特別な舞台で、日々、徹底的にＣＡを演じることで、美しさが自然と身についていきます。ＣＡとして期待されている役割をしっかり果たすことを習慣とすることで、女性らしい魅力を醸し出すことができるのです。

ぜひ、あなたもＣＡのマナーを習得して素敵な女性になってください。

# 挨拶

## いつも自分から先に挨拶を

### バスの運転手さんや配達員の方にも挨拶

「おはようございます」「お世話になります」
「ありがとうございました」「行って参ります」

乗務員は、クルーバスを使って飛行機まで移動したり、空港内を行き来したりすることがあります。海外でも交通手段としてバスを使ってステイ先に移動することも少なくないのですが、私達が必ずしているのが、運転手さんへの挨拶です。

新入社員として、初めてクルーバスを使ったときのことを今でもしっかり覚えています。なぜなら先輩達がバスに乗り込むとき、降りるときも、自分から運転手さんに挨拶していたのです。

「わあ、すごい！　航空関係の方は礼儀正しい人ばかりなのだわ」

と驚き、すぐに私も真似をしました。

私は当時、横浜に住んでいて、横浜駅から高速バスを使って羽田空港に出勤していましたが、この光景を見るまでは、恥ずかしながら、運転手さんに黙礼はしていても、声に出して挨拶するということをしていませんでした。

そういえば、この高速バスでも、時々、

「こんにちは」

「ありがとうございました」

と、運転手さんに挨拶している方がたをお見かけしていました。きっと航空関係者の方だったのでしょう。誰にでも先に自分から挨拶することが習慣になっていて、近くの私達までも心地よくしてくれていました。

挨拶が習慣になると、当たり前のことのようですが、今日は、気分が乗らないからやめておこうと思わなくなります。いつでも、どこでも、誰にでも、続けられることが素晴らしいことです。

私達CAは、**挨拶は自分から先にするもの**と、訓練所でも教官に徹底的に教えられてきました。たとえ初めてお会いする人であっても、自分から先に明るく声をかけるのが基本です。

ですから、送迎バスの運転手さんだけでなく、事務所に出入りしている宅配便の配達員の方にもこちらから声をかけますし、同じビルの他部署の方はもちろん、ゲストの方や清掃係員、設備係員の方がたなど、お会いした方すべてに挨拶をします。

宅配便の配達員の方は、この状況を把握していらっしゃいます。

「ここに荷物を届けると、少なくとも30人から声をかけてもらえるので、疲れも飛んじゃうんですよね」と、笑ってお話ししてくださっていたことがありました。


挨拶の時に私達が気をつけていることがいくつかあります。

まずは、**立ち止まって、挨拶すること。**

ながら動作ではなくて、一瞬でも立ち止まることが大事です。

次に、相手の目を見て声をかけましょう。

「**語先後礼**《ごぜんごれい》」と言いますが、相手の前に立ち、目を見てから、「おはようございます」と明るく声をかけ、後から礼をします。

話しながら、同時にお辞儀をすると、相手と目を合わせる機会を失ってしまいますので、言葉かけとお辞儀は分けて行うのが洗練された挨拶です。

さらに、挨拶の後に、プラスアルファーの声かけができるといいですね。相手を思いやる一言を添えてみましょう。

お互い時間がないようでしたら、会釈だけでもいいですね。これも歩きながらではなくて、一度、立ち止まってから致しましょう。

お辞儀の基本は、相手の目を見てから、そして背中を曲げてお辞儀するのではなく、背中は一枚の板を背負っているようにまっすぐにして、頭を下げるときよりも上げるときに時間をかけましょう（47ページ）。

「1・2」で頭を下げて、「3・4・5」で頭を上げると、丁寧さを醸し出すことができます。それだけで洗練された、エレガントなお辞儀に変わります。

会釈のとき、女性は、まっすぐ首を振るのではなくて、少し斜めに首を曲げると、女性らしさが出て、ふるまいに品格が出てきます。

自分から先に挨拶するだけでなくて、日々の生活でも、人に声をかけられ、頼まれてから動くのではなくて、人の心を察知して、相手の心の声を聞ける女性を目指してほしいと思います。日本人には世界に誇れる気遣い、心遣いが自然とできます。

人の心を慮《おもんばか》り、心の機微を知る。

私達には元々、相手を思いやり、調和しようとする温かい心があります。すでに持っているこの資質を引き出し、自分から先に与えることを習慣としていけるといいですね。

**一度立ち止まって、相手の目を見て、こんにちは「あ」明るく、「い」いつも、「さ」先に、「つ」（一言）続けて**

# 笑顔

## 表情や姿勢はいつも見られています

### 笑顔に勝る化粧なし

香港発、成田到着便でのことです。飛行機が成田空港に着いて、ドアサイドでご搭乗のお礼をしていました。

「今日も楽しませていただきました。ありがとう」

少し年配の女性客からそう声をかけられました。

乗務員にとっては、とても嬉しい言葉です。

「ありがとうございます。お疲れではございませんか」

「大丈夫よ」

今日は景色もよく見えたし、お食事も、きっとサービスも満足してくださったのだわ。よかった！　と心の中で思いました。そして、

「またのご搭乗をお待ちしております」と、満面の笑顔で微笑み返したところ、

「そうそう、その笑顔、やっぱりいいわね。私はあなた達の動きを見るのがいつもの楽しみなの。今回もおかげで退屈しなかったわ」

そう言ってくださいました。

「ありがとう存じます。そう言っていただけて、嬉しいです」

ＣＡの動きが、お客様を退屈させないサービスのひとつということです。確かに限られた空間ですので、フライト時間に関わらず、私達は、お客様の視線を強く感じます。

今、運航している飛行機は、最新のニュースや映画が観られたり、音楽を聴いたりなど、視聴覚の設備が整っているものがほとんどですが、昔、主流だったプロペラ機や小型のジェット機では、視聴覚の設備がなかったため、ＣＡの動きそのものが乗客にとっては、ハード（物）サービスを補うものだったのです。当時は、救命道具の装着の仕方や非常口の指し示しもキャビンの真ん中に立って、フライトごとにしていました。

ＣＡとして乗務し始めた頃、同じ班の先輩から何度も「あなたの表情、所作は常にお客様から見られていることを忘れてはいけません。そのつもりでキャビン（客室）に出なさい」と言われていました。

化粧の仕方、ヘアースタイル、表情、姿勢、立ち方、歩き方、話し方、物の指し示し、物の渡し方、すべてに気をくばるのが当たり前のことでした。

そのおかげで、今も「所作がきれいですね」と言ってもらえるのだと思います。

搭乗口での立ち姿、第一印象はここから始まります。「今日も感じのいいCAがいるな」と思っていただけるように、立ち姿はきれいでなくてはなりません。手荷物の処理では、重い手荷物も軽やかに持ち上げ、エレガントに物入れに入れます。「よっこいしょ」と重そうに見えてはいけないのです。乗務員が物入れのロックを確認している姿を思い出してみてください。だらしなくチェックはしていませんね。乗客に下からも横からも後ろからも、前からも見られていることを意識して、指の隙間を開けず、指を揃え確認していますね。席のご案内や、非常口の指し示しもわかりやすさと共に、指を揃えて、洗練した指し示しをします。

狭い通路での歩き方は特に重要です。軽やかに美しく歩かなければなりません。お飲み物やお食事をお出しするときの手離れも、注ぎ方もお客様はしっかり見ていらっしゃいます。物を拾うときに、膝を折ってかがんで拾う、など様々なことを意識しています。

すべての所作に共通して気をつけているのが、姿勢です（46ページ）。姿勢が原点とも言えるでしょう。立っていても座っていても、姿勢はその人を表すものと思っています。腰に軸を置いて、背筋を伸ばします。あごと肩を近づけないことも美しい女性が意識していることです。姿勢で損をすることがないように、いつも背筋は伸ばしましょう。

笑顔は後ろ姿でも持続させることも大切です。お客様の前ではニコニコでも、後ろを向いた瞬間に真顔に戻るようでは、お客様に単なる営業スマイルと思われてしまいますね。大型の飛行機では、一便で数百人の乗客に微笑みかけますので、その習慣から、疲れていても、緊張していても、体調が悪くても自然な笑顔を保つことができるようになりました。笑顔を繰り返したことで表情筋ができ上がっていたのでしょう。たとえどんなに疲れていても、疲れたそぶりは見せません。何度、声をかけられても、面倒くさい顔はしません。

また、清潔感を心がけています。**清潔感は好印象を与える基本**です。乗務の服装は厳しく定められています。出発前の相互チェック、乗務中も乱れがあれば声をかけ合い、整え続けます。髪がばさばさで、潤っていないと、疲れた感じに映ります。髪型によって印象が大きく変わるものですね。

不潔感を醸し出す髪型は、接客には不向きです。

清潔感があるだけで周りの評価は変わってきます。不潔に見える人はそれだけで、仕事ぶりも生き方もだらしない、と思われてしまいます。

ＣＡは、お客様に見られているからこそ。そのおかげで洗練されていくのです。

**マナーは、まず笑顔と姿勢から**
**清潔感があるだけで印象はＵＰします**

# 会話

## 人を惹きつけるのは、とっておきの共感

### 相づちとうなずきで共感を

「お客様、恐れ入りますが、こちらは非常口でございます。緊急時になり、脱出する際にはお手伝いをお願いすることになりますが、どうぞよろしくお願いいたします」

非常口の前の座席にお座りのお客様には、必ず、この一言を離陸までにお伝えしなくてはなりません。

通常、お見合い席と呼ばれているこの座席ですが、乗降用のドア以外にも、緊急時には、ドアに内蔵されているスライドを使って、安全に、迅速に、飛行機から脱出しなくてはなりませんので、脱出の援助の確認は業務で決められています。ですので、この席にはお子様や、妊婦、ご高齢の方はお乗りいただけません。

乗務員も離陸、着陸の際には、非常口の横のアテンダントシートに座り、安全を確保します。お客様と対面して座ることになりますので、お見合いシートと名づけられ

ていました。

新人の頃は、離陸時、着陸時にこの席に座ることがとても恥ずかしかったのを覚えています。特に、ビジネスパーソン、俳優やスポーツ選手などの芸能人の方は、足をゆったり延ばすことができますので、この席を好んで、お座りになります。

正直に言いますと、新人のとき、20代そこそこの私の心臓は、毎回ドキドキでした。これは私に限ったことではありません。いくらプロ意識を持てば恥ずかしいなんて言っていられないとはいえ、冬場でもジトーと嫌な汗をかいていた覚えがあります。目の前に座らせていただくのですから、「失礼いたします」と声をかけて、飛び跳ね式の座席を下に降ろし、簡易の席に座ります。進行方向と反対側に座ることになりますので、G（重力）を軽減するために、腰の位置のベルトだけでなくて、胸の部分を固定するベルトも装着します。

座ってからは、正直なところ、視線に困ります。自信家の方や、興味のある方はこちらをずっと見たままです。まさか、外すわけにもいきません。アイコンタクトを心がけ、軽い雑談をするようにと、指導者からも指示を受けていました。

ご存知のように、機種によっては、対面しているシートが3席、2席のものがありますので、3人でもお2人でも、頑張って何気ない会話を心がけていました。

まさか、気に入ったひとりの方だけと話すわけにもいきませんし、プライベートな話を共有するわけにもいきませんので、兼ね合いが難しいのです。

お休みになり、目を閉じていたり、読書に夢中でしたら、こちらからの声かけはもちろんいたしませんが、手持ち無沙汰な感じが漂っているときは、雑談をして、リラックスしていただくことを考えます。

これこそ、CAが磨いてきた対面シートでの対話力です。何気ない対話をすることで、ファンにもなってくださいます。閉ざされた機内で、閉塞感を緩和するような対話術。私の対話力はここで磨かれたと言っても過言ではありません。

まずは無難な話題から、到着地の天候や飛行ルートや「お仕事でいらっしゃいますか」もよく使う導入のフレーズでした。

ひとりだけが話すことにならないように、皆様を巻き込みながら、こちらが話すというよりは、聞き手に回り、お客様が楽しく話してくださるようになると、ほっとしたものです。初めてお会いした方がたでも、一体感が芽生え、心地よい空間に早変わりします。

対話力を磨くには、まず、相手が主役と思うことです。自分が主役ではないということを認識しましょう。目を見て対話しましょう。また傾聴の姿勢が重要です。相づちを打ちながら、うなずきながら、相手の話した語尾を繰り返しながら、共感を示し聞いてみてください。質問も取り混ぜながら、途中で口をはさむことをせず、最後までしっかり聞きましょう。

話すときは、自分が話したいことをベラベラ話すのではなくて、相手が聞きたいと思っていることを話すよう心がけましょう。

「話力で人は評価される」とも言います。人の影響力は話す力によるところが大きいですね。対話における人を惹きつけるポイントは共感と発見です。

「なるほど」と、発見の喜びをいかに相手に与えられるかにかかっています。

相手には話を聞かない権利もありますから、相手の立場に立って、話題を選んでいきます。

話し手の印象は大事です。何を話すかよりも誰が話しているかが重要ですので、良いエネルギーを出しながら話さなくてはなりません。

話は少し脱線しますが、機内では時々、お誘いを受けることがあります。

相手に恥をかかせない断り方をしなくてはなりません。お誘いを受けても、断り上手でなければ、一人前ではありません。

相手を不愉快にさせないためには、十分お礼をお伝えすること、誘ってくださって光栄であること、感謝の気持ちを前面に出しながらも、期待を持たせず、きっぱりお断りするのがスマートだと思います。あくまでも誠実に。あなただから断ったのではなくて、皆さんにそうしていることを伝えるとスムーズですね。

## 会話は、相づちが主役
## お話には、「なるほど」で発見の喜びを伝えましょう

# チーム

## 個性豊かな方が最高のパフォーマンスができます

### 違うからこそ活かし合える

「今日のクルーはいいね」

お客様に、そうお褒めの言葉をいただくことがありました。

「君、よく気がつくね」と、個人的にお褒めの言葉を頂戴するのももちろん嬉しいのですが、自分がチーフパーサーで乗務していて、自分のチームを認めていただけるのは、最高の喜びを感じます。

「今日は何かぎくしゃくしていない？　チーフパーサーが厳しい人なのかな？」

乗り慣れたお客様は、クルーの雰囲気を、また醸し出す空気を感じ取るのがお上手です。プロとして、働いている乗務員は、本来でしたら常に最高のパフォーマンスを発揮しなくてはならないのですが、編成によっては、個々の動きはしっかりできていても、チームとしての相乗効果を出しきれず、チーム力を活かしきれていない場合があります。

一泊二日のソウル便の首相フライトに乗務したときのことです。チーフパーサーはベテランＣＡ。知的で、凛としていて厳しくて有名な方でした。ファーストクラスのパーサーは客室部でも美人で有名な、女性らしい優しい方でした。どちらも私の先輩でした。次に私がきて、あとのメンバーは後輩2人でしたが、その2人も全く違うタイプでした。しゃきしゃきした感じと、おっとりした感じ。異なるメンバーが首相フライトに選ばれたのです。それぞれの持ち味を生かしながら、最高のサービスを目指しました。復路便は首相のお誕生日でもあり、機内でケーキをお出ししてお祝いしたのを覚えています。素晴らしいサービスをしてくれたと日本に戻ってから数日後に首相官邸にもクルー全員でお招きを受けました。

同じ強みを持った人だけが集まる一団よりも、異なる強みを持った人達、異質の協力がチームとして最高の力を発揮すると言われています。

厳格な人、優しい人、世話好きな人、リーダーシップを発揮する人、縁の下の力持ち、明るい人と様々ですね。人間には強み、弱み、様々なものがありますが、違うからこそお互いを活かし合うことができます。

意外と思われるかもしれませんが、クルーの編成はいつも同じではありません。VIPフライトもいつも同じメンバーではありません。班体制にはなっていますが、通常のフライトでは、初対面の人とフライトすることも多いのです。国際線のロングフライトも同様です。短時間で好感を持ってもらい、お互い協力し合っていくためには、それぞれの強みを活かし合わなければなりません。

限られた空間、限られた時間、限られた物品、限られた人員で最高のサービスを提供していくには、チームワークが欠かせないのです。

大型の飛行機では通路が2本あります。前方からサービスをしていきますが、右側、左側、あまりにサービスのスピードが違ったとしたら、遅い方のお客様はご不快な気持ちになるでしょう。同じようなスピードになるように、真ん中の列は早く進んでいる方が進んでサービスしていくなど、仲間の動きを見て、あうんの呼吸で連携プレイをしていかなくてはなりません。

目配せひとつで、クルー同士、相手の心を察知して、不足物はないだろうか、頼まれなくても、こちらから気を利かして持っていけるようになってこそ、一人前のCAなのです。常に、お互いが空気を読み合い、目で合図して、迅速なサービスを心がけています。CAとして「お客様を喜ばせたい」という共通の目標を持っているので、チームとしてもまとまり、成果を出していくことができます。

チームとは「協働で仕事を行う統制のとれた一団」と言われていますが、目標と秩序があり、適切なメンバーがいて、メンバー同士で良好なコミュニケーションがとれていることが良いチームです。

CAの報告は、チーフパーサーからパーサーへ、そして各CAへと伝言上手です。安全性チェックでは、離陸前、上空、着陸前ごとに一人ひとりのクルーが決められた順序でOKサインと共に、確実に報告をしていきます。

サービスにおいても進行状況も逐次、事細かに報告し合っています。コミュニケーションが良好なだけではなくて、協調性を重要視しています。ですからチームとしての生産性が上がるのです。

弱みに焦点を当てるのではなくて、相手の強み、美点を探し、焦点を当てることで、さらなる可能性が引き出され、刺激し合い、仲間を思い合い、大きな力が生まれることでしょう。

チーフパーサーの頃は、自分らしさを発揮しながら、ひとつのクルーの編成を最高のものにしていく醍醐味を日々感じて乗務していました。

**共通の目標があれば、異なる強みを持った人たちがチームとして最高の力を発揮します**

# 心構え

## CAのモチベーションが高い3つの理由

### 使命感が人を変える

現在、私はストロークコンサルタントとして研修・講演をしています。ストロークとは、「相手を認めて、可能性を引き出す」ことです。ある企業に打ち合わせに伺ったときのことです。

「最近の人は、言われたことしかしないんですよね……」

開口一番、研修担当者がそうつぶやきました。

「勤務態度が悪いわけではないのですが、自分から工夫して仕事を想像していくことができないんです。『それは聞いていませんから……』と平気で言ってくるんです。どうしたらいいでしょうか」

「それはお困りですね。指示されたことは確実にこなすけれど、自分から状況を把握して、意欲的に仕事をする方が少ないということですね」

「そうなんです。航空会社、特にCAの方がたは、仕事に対するモチベーションが高いように思うのですが、どうしたらあんなふうに意欲的に働けるようになるのでしょうか。そこを教えてください。元々が違うのかな？」

「はい。ありがとうございます。確かに、仕事に対するモチベーションの高い人が多いと思います。しかし、元々のものではないと思っています。人として持っている資質は誰もがそう変わらないでしょう。入社してからどう育てられてきたか、周囲の人からどのように影響を受けてきたかという所が大きいな違いだと思っています」

「そうですか。そうなると職場風土が悪いってことかな。自分達サイドにも問題があるってことですね」

率直なご質問を機に、私は、どうしてCAは他の仕事をしている方と比べて、仕事に対するモチベーションが高いのかを考えてみました。

そこで、CAの仕事に対するモチベーションが高い理由は、大きく分けて3つあることに気づきました。

ひとつめは、人の命をあずかるという使命感があるということです。私達はサービス要員だけでなくて、保安要員でもあります。お客様の命をお守りする意識が、自分を律することに繋がります。自分の無知により命を救えないことがないようにという責任感が芽生えます。フライトで病人発生など不測の事態が起きても、慌てて取り乱すことのないように常に沈着冷静でいられるようプロとしての意識を高めていなくてはなりません。いい加減は許されない、手抜きは許されない、このプロとしての使命感がモチベーションを高めることに繋がっているように思います。

そして、2つめは、当たり前のことをするだけでなくて、付加価値を提供することを常とする環境にいるということです。マニュアル通りの応対ではお客様に満足を与えるだけです。感動を与えてこそ、お相手の心を動かすことができます。

会社全体がこの思いを共有していれば、おのずと一人ひとりのモチベーションも高まります。

最後に、他人から期待されていることです。

航空会社の使命は乗客を安全に、定刻に、快適に目的地までお連れすることですが、皆様もご存知のように、様々な仕事があり、多くの職種が支え合って、一機の飛行機を飛ばしています。乗客と共に飛行機に搭乗する運航乗務員は、パイロット、CAがいます。地上では、グランドスタッフ、整備士、運航管理業務、航空貨物、グランドハンドリング、ケータリング、設備、警備、清掃スタッフ……などが働いています。

CAのように、直接、お客様に接する仕事と、陰で支える仕事がありますが、『私達は陰で支えます。どうか私達の分まで頑張ってください』と、他の社員から熱い思いを込めたバトンを受け取り、私達は飛行機に乗り込みます。営業の方が靴のかかとを擦り減らし、やっと集客してきたお客様に喜んでいただき、『またこの航空会社に乗ろう』と思ってもらえるように、会社の代表として、お客様に直接サービスできる醍醐味を感じています。仲間から期待されている重みが、自分の行動に誇りを持たせているのです。

これは航空会社だけに限ったことではありません。どの会社でも表舞台で活躍する人と、裏で支える人がいるでしょう。裏方の仕事をしている人も、表に出る人達を我々が支えている、期待されているという自負が仕事へのモチベーションに繋がるはずです。

ＣＡは手に職があるわけではありませんし、特別な資格もありませんが、様々な分野で活躍している人が多いのは、プロフェッショナルの意識があるからかもしれません。

さて、あなたは今、何のために仕事をしていますか？

1、報酬のため
2、スペシャリストとして、専門能力を磨くため
3、プロフェショナルとして、仕事本来の意義を追求するため

1のタイプは、自分の時間を提供して、仕事をしているだけですね。
2のタイプは、自分のスキルをさらに向上させたいと思って仕事をしています。
3のタイプは、仕事の本質、意義、価値を追求しながら仕事をしています。

2の意識も兼ね備えていなければなりませんが、最も重要なのは、3です。何の役に立つのか、仕事の意義を把握し、常に付加価値を提供しようとすることです。

「遅れず、休まず、働かず」昔、サラリーマンの川柳にこのようなものがあり、思わず苦笑したことがありました。遅刻しない、欠勤しない、言われたことしかやらない女性でいるのか、想像力を活かして、はつらつと、ときめいて仕事している女性になるか、選択するのはあなた自身です。

## 使命感や期待がモチベーションを生みます 常に感動を与えられる仕事をしましょう

## 最上級のマナーレッスン1

# 姿勢・お辞儀・歩き方

### 姿勢

特別な人は皆、美しい姿勢をしています。
立ち姿、お辞儀、歩き方に、美意識を持つことで、
自分に自信が持てるようになります。

**背筋**

天上から1本の線が伸びているイメージで真っすぐ立ちましょう。

**あご・肩**

あごを引き、バレリーナのように肩をスッと落としましょう。

**手先**

指にふくらみを持たせ指先を揃えると、優雅に見えます。

**足元**

両足を10時か2時の位置に置くと足が1本に見えて、ほっそり美しく見えます。

**目元**

赤ちゃんを見るような、優しい目元。

**口**

「口角10度UP」&「20%の笑顔」。表情筋を意識し「ウィー」と言うと口角が上がります。

**お腹**

お腹と背中がくっつくように意識しましょう。

## お辞儀

シーンによって
頭を下げる角度を変えましょう。
お礼や謝罪などの最敬礼は45°
お客様をお迎えするときは30°
会釈は15°です。

**背中**

後頭部と背中は、一枚の板に見えるように。背中が丸くならないようにしょう。

**おしり**

おしりを後ろに引きましょう。

**足**

前から見て足首が1本に見えるようにすると細く美しく見えます。

## 歩き方

腰を中心に、腰から歩くと
まるでモデルのように颯爽と
歩くことができます。

**腰**

腰を意識して、カートを腰で押すように歩きます。

**手**

手は胴よりも後ろでふります。

**足**

少し大股で歩きましょう。かかとからつま先の順で地面に足をつけます。

column 01

# CA流・最上級の言葉遣い

## 1 語尾を長くする

たとえば、言葉遣いによって丁寧さを変えることができます。

「オレンジジュースでよろしいですか？」

「オレンジジュースでよろしいでしょうか？」

「オレンジジュースでよろしゅうございますか？」

同じオレンジジュースをお勧めするにしても、相手の方に合わせて、語尾を一工夫することができます。最上級の丁寧な言葉遣いは語尾を長くするといいでしょう。

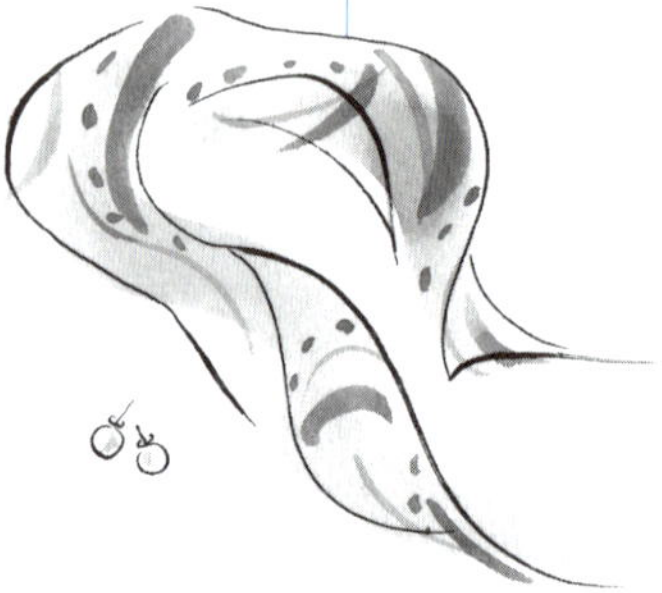

## 2 前置きの言葉を使う

「恐れ入りますが」「お手数をおかけ致しますが」「もうご存知かと思いますが」

「よろしければ」「お差し支えなければ」「ご迷惑をおかけ致しますが」

人に何かを頼んだり、お断りをしなければならないようなとき、内容の前にこの表現を使うと、受け取り方が優しくなり、不快な思いをさせないと言われている表現です。話しはじめに前置きの言葉を使って優しくスタートしましょう。

「お待ちください」と言われるよりは「恐れ入りますが、お待ちください」この表現の方が、ストレスを感じることなく、待てそうですね。

## 3 語尾を断定形から依頼形に変える

「お待ちください」よりは「お待ちいただけますでしょうか」

「ご記入ください」よりは「ご記入いただけますでしょうか」

さらに「お急ぎのところ恐れ入りますが、こちらでお待ちいただけますでしょうか」

さあ、いかがでしょうか。きっと待たされても、心の波立ちは少ないはずです。

*chapter2*

# 空の上で学んだ VIPのマナー

ファーストクラスの方がたの
お世話をさせていただくことで
自分を輝かせる術を学びました。
セレブリティーと言われる人には
共通点があったのです。

ファーストクラスには、普通ではお目にかかれない、経済界のトップクラスの方がたや各国のセレブリティーが集まっていらっしゃいます。どんなに乗り慣れていらっしゃる方でも、飛行機は非日常な空間であり、運命共同体とも言えるでしょう。限られた空間と時間、特別な世界だからこそ見えてくるものがあります。寝食のお世話をさせていただくことで、生活ぶりを垣間見ることができます。

そこで、ありがたいことに、多くの素敵な女性客から自分を輝かせ、きらめいていくための術を学ばせていただいてきました。

ご一緒していると、人との接し方、その人のライフスタイル　その方が大切になさっている美しいフォームが見えてきます。

そして、実は、セレブリティーと言われている人には共通点がありました。

その人の言動をとことん真似してみましょう。

誰でも「あのようになれたらいいな……」と強く思い、真似をしていると、VIPのマナーが自然と身についてきます。私もそうしてきたうちの一人です。

特別な人は、漂っている空気が違います。華やかで、周囲が輝きます。しなやかで、ゆったり時間が流れます。優しく、気品に溢れています。

それは、表面的な美だけでなく、その美しさは内側から発せられていて、周りの人を魅了していました。

**外側よりも内側のエレガンス**を感じる人達なのです。

決して派手ではありません。上質な物を身につけていらっしゃいますが、むしろ地味です。そして、品や格というものが自然と伝わってきました。

**地味だけれど、目立つ**のも特徴と言えるでしょう。

誰もが礼儀正しく、丁寧な言葉を使い謙虚なのですが、堂々として、人としての重みがあり、存在感のある方でした。

この章では、そんなＶＩＰの方がたのマナーを紹介します。

# 控えめ

## いつもアンダーステイトメントの精神を

### いつも控えめでさりげない心遣い

国内線、宮崎からの復路便でのことです。皇族であるお母様とお嬢様の親子が搭乗なさいました。

機種はボーイング727、通路が一本の中型の飛行機でした。VIPのお2人は、お伴の方と共に一番前方の席にお乗りになりました。今回は特別機ではなくて、一般の乗客の方も席を隔てて、お乗りになっていました。

当時のサービス品は、リフレッシャーというクッキーの詰め合わせとマドレーヌのような洋菓子をお出しした後に、温かいお飲み物をお出ししていました。飲み物はANAのロゴが付いた紙コップを使用していました。チーフパーサーをしていた私が、お伴の方に何をお飲みになるか伺いました。皇族の方に直接、お話をするのはタブーとされていましたので、その方を通してご希望を伺いました。

「日本茶とコーヒーを2つお願いします」と、所望されました。

「はい。かしこまりました。只今、ご用意いたします」と、返事をしました。

すると、お母様が「よろしければ、陶器でなく、皆さんと同じ紙コップにしてください」と、お優しい、かぼそい声でお話ししてくださったのです。


おそらく、往路便にもお乗りいただいていて、VIP用に特別に用意した陶器に日本茶や、コーヒーを入れたものが出てくることをご存知だったのです。

「よろしいのでしょうか」と、私も思わず、同じような小さな声で伺いました。

「ええ、そちらでお願いします」

「はい。かしこまりました。ご用意させていただきます」

そう申し上げ、ギャレイ（飲み物や食べ物を用意するところ）で準備をしてお持ちしました。お供の方にお渡しすると、また、お母様が、わざわざ声をかけてくださいました。

「ありがとうございます。こちらのロゴかわいいですね」

たったこれだけのことなのですが、私にとっては大きな学びでした。

「特別扱いはしないでください。皆さんと同じでいいのですよ。気を遣わないでいいですからね」というお優しいお気持ちが伝わってきたからです。

控えめで、さりげない心遣いを感じました。

以前にも、皇族の方がお乗りになることになり、事前準備として、座席を普通の座席から、大き目の座席に変えようとしていた際に、「今回からは皆さんと同じ椅子にしてください」とのご要望の連絡を受け、それ以降、座席は変えなくなったことを知りました。自然ににじみ出る謙虚さは、「さすが！」と見習いたいと思いました。

ＶＩＰの方は、混乱を避けるためにも飛行機にお乗りになるのは、一番最後、お降りになるのは、一番最初です。通路は、パテーション（つい立）があるわけではありませんので、最後に乗り込み、最初にお降りになるのは一般のお客様にもわかってしまうのですが、皆様への会釈も必ずなさっていました。

「私達は特別なのだから、当然のこと」

そんな意識を、全くお持ちになっていませんでした。当然のことながら、偉ぶっている、厚かましいと感じる方にお会いしたことは一度もありませんでした。

イギリスにアンダーステイトメイントの精神があります。気品は、そこはかとなく、さり気なく伝わるものであり、多くを主張するのは品がないということです。

アンダーステイトメント「控えめ」は教養があり、理知的な証、オーバーステイトメント「大袈裟」は無知であり、下品を証明していると言われています。

自分の意志は伝えますが、決して自分の意見を押しつけるようなことはしません。周りの空気を読んで、決して出しゃばりません。おしゃべり過ぎるということがないのです。

自分の意見、主張はしっかりしたものをお持ちですので、希望ははっきり伝えてくださいますが、無理強いはしません。常に控えめな言い方をなさいます。

教養のある人は、いたずらに大言壮語するものではありません。常に控えめな言い方をなさいます。

自分の欲望を優先させるのではなくて、常に他人への敬意を払うことができる方がたなのです。

**「控えめ」は、教養があり、理知的な証**
**常に他人への敬意を払いましょう**

# 配慮

## 譲り合って「どうぞお先に」

### 周りの様子を見ながら、空いたときに

ワシントンに向かう便でのことです。その日は天気が良く、アラスカ上空では、期待通り、オーロラがとてもきれいに見えました。ぐっすりとお休みになっていらっしゃる方も多かったのですが、鮮やかな濃い緑色や黄緑色のコントラストが神秘的でしたので、起きているお客様にはご案内をしました。各々の座席の窓よりも、ドアの窓からがよく見えるので、

「よろしければ、あちらからご覧ください」とお伝えしました。

数人の方がお立ちになりましたが、どの方も、「どうぞお先に」と、微笑んで譲り合っていました。

ご自分が先に見たいはずですが、我先に見るという方がひとりもいらっしゃらなかったのです。とても心穏やかな気持ちになりました。

また、到着地に近づき、降下が始まる頃によく見られる光景ですが、ご存知のように機内の化粧室は限られていますので、リラックスウエアーから外出着への着替えや身支度をなさる方で、化粧室は混み合うことがあります。

しかし、ファーストクラスのお客様は、化粧室の前に立って順番を待つということはなさいません。周りの様子を見ながら、空いたときにお立ちになります。もちろん、気配を察知して、こちらからもご案内いたしますが。たまたま重なってしまっても、「どうぞお先に」と声をかけ合っていらっしゃいます。

また使用後は、「お先に失礼いたしました」と後の方に一言声をおかけになります。近くでしたら、ドアを相手のために押さえて、開けておくということまでなさっています。このようなちょっとした配慮ができるのは素晴らしいですね。

「狭い道も、譲れば広くなる」

こんな言葉がありました。

人と争えば、道はさらに狭くなります。

一歩、自分が退けば、その分道は広くなるということです。

譲る、配慮する気持ちがあれば、相手も素直になり、優しくなります。

「自分が先、待つのは嫌だ」と思う人は、敵も増え、人からの評価を下げるだけです。

独り占めすることなく、楽しみ、喜びは周囲の人と分かち合うということも必要ですね。

相手を先に進ませることを考えてください。

聡明な人ほど、自分と他人の間に良い状況を創るものです。


**「どうぞお先に」「お先に失礼しました」**

**ちょっとした一言で配慮を伝えましょう**

# 感謝

## 小さなことにも「ありがとう」

### お互いが気持ちよく過ごすサイン

ご搭乗が始まり、満面の笑みでお客様をお迎えします。

「こんにちは。いらっしゃいませ。ご搭乗いただきましてありがとうございます」

ＶＩＰの方は、事前にお名前がわかっていますので、お名前をお呼びします。

「○○様、お席にご案内いたします。よろしければ、お荷物をお持ちいたしましょうか」

「ありがとう。よろしくお願いします」

「こちらのお席でございます。コートをお預かりさせていただきます。貴重品はございませんか」

「ありがとう。貴重品はありません。お願いします」

「かしこまりました。お預かりいたします」

「○○様、新聞、雑誌はいかがでございますか」

「ありがとう。ラウンジで読んできたから、今は結構です」

「さようでございますか。私、本日、この便のチーフパーサーの△△と申します。どうぞよろしくお願いいたします。どうぞごゆっくりと香港までの空の旅、お楽しみくださいませ」

「ありがとう。お世話になります」

「シャンパンかオレンジジュースはいかがでございますか」

「ありがとう。シャンパンをいただきます」

「はい。かしこまりました。シャンパンでございます。ごゆっくりどうぞお召し上がりくださいませ」

「ありがとう。まあ、冷えていて美味しいわ」

「恐れ入ります。間もなく当機は、定刻通り出発いたします」

「ありがとう。ご馳走さま。美味しかったわ」

「よろしければ、ひざ掛けはいかがでございますか」

「ありがとう」

声をかけるたびに、「ありがとう」で答えてくださいます。

離陸後も、「○○様、失礼いたします。食前酒のメニューでございます」メニューをお渡しすると、読んでいる本から目を移して、目を見て、笑顔で「ありがとう」と声をかけてくださいました。

さらに、本をテーブルに置いて、両手で受け取って下さったのです。

特別な人というのは、小さなことにもオーバーではなくさり気ない、「ありがとう」を必ず、口にしてくださっています。

「ありがとう」は言い過ぎることはないと思っていらっしゃるのでしょう。

それも、わざわざ顔を向けて、目を合わせて、ニコッと微笑みながら言ってくださるのです。

「お金払っているのだから、やってもらって当たり前」の姿勢は全くありません。

「ありがとう」は、お互いが気持ちを良く過ごすためのサインです。

サービス側にとっても、感謝の言葉をもらうことで、気分が良くなります。「ありがとう」はサービス側の一方通行を、サービスされる側も含み、双方通行となるきっかけとなります。またそのお互いのやりとりが洗練されてきます。
**感謝の心は、人格を高めます。**
感謝の言葉を口にすると、自分も相手も幸せになれます。

**手を止めて、目を見て
小さなことにも感謝の言葉を口にしましょう**

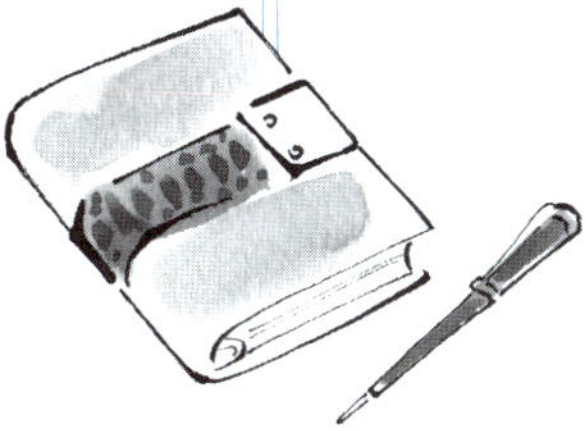

# 初対面

## すぐに相手の名前を覚えましょう

### 特別感を伝える習慣

ロンドン行きのフライトでした。年始ということもあり、ファーストクラスには3名のお客様しかお乗りではありませんでした。とても珍しい光景です。

「三枝さん、英字新聞あるかしら」

ある女性客に声をかけられました。

「はい。かしこまりました。只今、お持ちいたします」

そう答えて、新聞をお持ちしました。

ふと、嬉しくなりました。お客様が名前を呼んでくださったからです。

私達は制服を着用しているときも、飲食のサービス中、エプロンに着替えたときも、必ず左胸に名札を付けていますが、このお客様は名札を見ずに私の名前を呼んでくださったのです。ということは、名前を覚えてくださっていたということです。ご挨拶に伺ったときにきっと名前を覚えてくださっていたのでしょう。名前は自分にとって、特別なものですから、名前を覚えて呼んでもらえたら、誰でも特別感を感じて嬉しくなりますね。

特別な人は、名前を覚えることを習慣としていて、初対面でも名前がわかると名前を呼んでくださいます。

小さなことですが、相手を思いやる一歩です。

お食事が始まり、先程のお客様に、前菜と一緒に飲んでいただくワインのご要望を伺いました。

「そうね。他の方がお選びになったワインをいただきます。私はあまり飲む方ではないですから、開けてしまうのはもったいないわ。後からで結構よ」と、言ってくださいました。

「そうおっしゃらず、どうぞお試しください。ご興味のあるワインはございませんか」と、ワインリストをお持ちしたのですが、

「ありがとう。大丈夫よ」と、軽くウインクしてくださったのです。

お言葉に従い、他の方が所望されたワインをお勧めすると、

「まあ、美味しいですわ。さすが、舌の肥えた方が選ぶワインは違うわね」

そう言って、美味しそうにお食事を楽しんでくださいました。

特別な人は自分の適量を知っていて、残すことはしません。物を無駄にすることはしないのです。

デザートの時間になり、チーズをお勧めしていると、その方が「お手すきになってからで結構ですから、クラッカーでなくて、先程の細長いパンを少しくださらない」とおっしゃいました。

すぐにではなくて、「お手すきになったら……」という相手の都合を慮れる言い方をなさっていました。

「どうぞ、こちらのパンでございますね。チーズと合いますよね。私も大好きです」と、すぐにお持ちすると、美味しそうに召し上がってくださいました。

その後、フルーツをお持ちして、最後に、食後のリキュールとチョコレートをお勧めすると、

「ご馳走さま、もうお腹いっぱいですわ。とても美味しくいただきました。ありがとう」とニコニコ顔で答えてくださいました。

「食後のお飲み物はいかがなさいますか。コーヒー、お紅茶などがございます」と、お伝えすると、

「そう、それでは、コーヒーをいただきます。でも、今でなくて、他の方が召し上がるときに合わせて持ってきてくだされればいいわ」

他の2名の男性客は食後酒を楽しんでいらしたのを、ご覧になっていたのです。

同じタイミングで飲めば、みんなが入れたてのコーヒーを飲めるという配慮までしてくださったのです。

そう言ってくださっても、ご厚意に甘えて、まさかお待たせするわけにもいきませんので、「お気遣いありがとう存じます」と言い、お持ちしたことを覚えています。

「他の方が選んだもので」「他の方と同じタイミングで、結構です」とは、なかなか思えません。

「ご用が済んでからでいいですから」「お手すきのときにお願いします」これも相手の立場に立たなければ言えません。

〝YES〟〝NO〟ははっきり言って、自己主張はしっかりなさいますが、無理強いはしない、すべて相手ありきの姿勢ですね。この方から相手を立てる素晴らしさを学ばせていただきました。


復路、ロンドンからの便は満席でした。その中のおひとりが、おっしゃいました。

「今日は、サービスは一切いりません。ゆっくり休ませてください」

きっと、年末年始、お忙しく動いていらっしゃったのでしょう。この方のように、フライト中は体を休める時間と決めて、ぐっすりお休みになる方も少なくありません。

このような状況では、ぐっすりとお休みいただき、お疲れをとっていただくのが最高のサービスです。私達はなるべく物音を立てないように細心の注意をしていました。しかし、私達クルーよりも、もっと気をくばってくださった方がいらっしゃいました。

お隣の方を起こさないように、物音を立てないようにと、徹底してくださっていたのは、たまたま偶然に乗り合わせたお隣のお客様の姿でした。

特別な人はさり気なく、隅々まで気を回すことができる人なのです。
**自分がされて嫌なことはしない。相手の気持ちを大切にする。物も無駄にしない。**
当たり前のことですが、意外とできていないかもしれません。

**特別な人は、初対面でもすぐに名前で呼んでくださいます**
**相手を気遣いながら、上手に希望を伝えます**

# ビジネス

## 冷静さが周りを落ち着かせます

### 不安や怒りは顔に出さないこと

到着地である函館の悪天候で、羽田空港に引き返すことが予想されるという条件つきのフライトでのことです。

その便は最終便で、羽田を夜出発しました。乗客は満席で、週末ということもあり、家族連れも多くお乗りになっていました。

一番前のシートには、ＶＩＰである外資系の女性社長とお連れ様のお２人が一緒にお座りになっていました。明朝、一番で商談があるとのことで、すでに遅い時間でしたが、ご搭乗後からずっと休むことなく、書類に目を通していらっしゃいました。すぐ後ろには、海外のツアー旅行に参加なさった団体の男性のお客様方がお座りで、騒がしい状態でしたので、大変申し訳なく思っておりました。

函館の上空まで来たのですが、天候の回復を待って旋回することになりました。いつもより時間がかかっていますので、化粧室に立つ方も続出しました。この機種は一番前に化粧室がありましたので、通路に並ぶ形になってしまいました。その中のおひとりが、一番前に座っている女性社長に声をかけたのです。彼女は、見るからに洗練された素敵な美しい女性でしたので、目立ったのでしょう。

「さっきからずっと仕事しているけど大変だね。少しは休みなよ」

ある男性が、お優しい言葉でしたが、馴れ馴れしい声かけをしました。

「まあ、困ったわ。ご迷惑がかかる」と私は心配して、中に入ろうとすると、「ありがとうございます。ご心配くださって」と、男性の方に顔を向けて、余裕のある微笑みを浮かべました。突然、見ず知らずの人に声をかけられたのに、嫌悪感は顔に出していませんでした。

逆に、その様子はとても**親しみがあって、チャーミング**でした。

そのときです。函館の天候が悪くなり、回復する見込みが立たないということで、羽田に引き返すことが決定したとの連絡が機長から入りました。その旨、アナウンスでお伝えすると、客室がざわめきました。それはそうです。最終便で函館上空まで来たのに、羽田に引き返さなくてはならないからです。予期していたこととはいえ、乗客お一人おひとり、様々な重要な事情を抱えていらっしゃいます。お仕事やご家族が待っている方も。

「どうなっているんだ。何とか降りられないのか」

今まで黙っていた乗客たちが、声をあらげたり、興奮したりしながら、様々な怒りと不安の表情をなさっていました。

航空会社の責任ではなく、天候不良のせいであっても、お客様をご不快な気持ちにさせてしまっているのは事実です。私達は丁重に応対していました。

VIPの方にもご説明に伺いました。商談を抱えていらっしゃり、大変な状況ということは承知しておりましたが、天候ではどうすることもできませんでした。只々、ご迷惑おかけしてしまったことを謝まりに伺ったのですが、その方は、優しく穏やかな笑顔で、「皆様も大変ですね。私は大丈夫です。天候だから仕方ないですもの」と、少し大きめの声でねぎらいの言葉までくださったのです。

お付きの人は困った顔をして、険しい表情をなさっていましたが、その方はあくまで冷静で言葉遣いも丁寧でした。

それを聞いた周囲の人も落ち着いてしまった程です。

不安、怒りを一切顔にお出しになりませんでした。

知らない人に声をかけられても気取らない、実に気さくに温かく応対してくださいました。険しい、不快な顔は人前で見せない。怒らない、自分がそういうときこそ、穏やかな心持ちになり、丁寧な言葉遣いをすると、周りまで落ち着いてくることを教えていただきました。

**どんなときでも、穏やかに、冷静でいましょう
困っている人にねぎらいの言葉を**

## 最上級のマナーレッスン2

# 見だしなみ・聞き方・話し方

### 見だしなみ

清潔感のある女性らしい装いは、信頼感を与えます。
いつも見られていることを意識しましょう。
おでこと耳を出すのがポイントです。

**おでこ・耳**

おでこと耳を出すと、表情豊かに見えます。

**ヘアスタイル**

フォーマルなシーンでは、黒、紺、茶など暗めの色のシュシュで髪をまとめましょう。飲食業の方は、ヘアネットでシニヨンをまとめると衛生的です。

**洋服**

シミやほつれ、しわはNG。とれかけたボタンは付け直します。

**靴**

かかとがすり減っていない、きれいなヒール。歩きやすいパンプス。

**メイク**

明るく華やかに見えるので、口紅とチークをつけましょう。ファンデーションは自然に。

**爪**

爪は長すぎない長さに。ネイルははがれていたり派手にならないように。

**バッグ**

バッグの中も整頓を。中が乱れてないようにしましょう。

## 聞き方

お話を聞くときは、相手の方に体を少し傾けて、
お話を伺えて嬉しいと思っていることを笑顔で伝えましょう。

さようでございますか

**耳**
耳を出すと、聞いていることがちゃんと伝わります。

**表情**
目はやや大きめに開いて、相手を見つめます。

**上半身**
体を相手に傾け、うなずきながら話を聞く。

## 話し方

ゆっくりとしたスピードで、程よい大きさで話しましょう。
普段話しはじめる音を「ド」とすると、少し高い「ソ」の音で
話しはじめると聞き心地がよくなります。

私がお伝えしたいのは…

**目**
相手の目を見て気持ちを込めて話しましょう。

**口**
「あ」の口を大きく開けましょう。

column 02

# 知性の見える会話

## 1 人の心を和ませるユーモアのセンス

潤滑油となるユーモアが上手だったり、ウイットに富んでいたりすると、会話がグッと弾みます。ユーモアは、教養やゆとりがないと出てこないものですが、楽しく、朗らかな気持ちは、人の心を和ませ、周りを明るくします。

相手を題材にするよりも、自己開示に繋がる話題の方が無難です。

相手を楽しませてあげたいと思うことから、自然に生まれてくるものですが、相手の興味に合わせて、ユーモアを話せるように、関心、好奇心を持って、引き出しを増やしておきましょう。

## 2 うわさ話、悪口は一切しない

その場にいない人の話は極力しないことです。個人的なことには触れないことです。不注意な一言は慎みましょう。

女性同士の陰口は下品そのものです。確かにうわさ話は盛り上がるものですが、口は災いの元です。知らない人の話題でも、話は進んでしまいます。

「○○さんっていう人がいてね。こんなことしているのよ」

「わあ、キモ〜い。きっと、家でもそうなんじゃない」

聞いている方も勝手に想像や妄想します。事実であっても、そうでなくても、悪い印象を残してしまいます。

日頃、自分の口から、どんな言葉を発しているのかが大切です。

人物とは、言葉です。

*chapter3*

# VIPが知っている公の場でのマナー

飛行機の中に限らず、公の場でも、
VIPと言われる方は、常に礼儀正しく、
相手を思いやる心の余裕があります。
レストランやホテルなどで目の当たりにした
VIPの方がたのマナーをご紹介します。

飛行機の中に限らず、公の場で、ＶＩＰと言われている方がたのふるまいを見ていきましょう。きっと日常の参考にしていただけることがあると思います。

ＶＩＰといわれている人は、自分の知り合いであれ、見ず知らずの人であれ、その応対ぶりは、決して偉ぶったり、軽蔑したりするような無礼な態度はしていません。

**常に礼儀正しく、豊かな心**をお持ちです。

そこには、自分以外の人を思いやる心の余裕があります。

笑顔で微笑んでくれたり、声をかけてくれたりと、さり気なく思いやりのある親切な行動をなさっています。

肩書きや地位で、人を差別することがないのです。職業に貴賤はないと思っていらっしゃいます。どんな方にもそれぞれの価値があることを知っているのです。

そして、仕事ぶりを評価する基準は、一生懸命働いているか、楽しそうにしているかにかかっているようです。

一生懸命やっている人の失敗に対しては寛容です。同じことを二度失敗することに関してはかなり手厳しいですが、思いがけない失敗は、誰にでもあることですので、その行動に対して叱ることはありますが、人格を叱るようなことはしません。

人前で、相手に恥をかかせるようなことは決してなさいません。

相手の立場に立って物事を見る習慣があり、自分勝手でなく、あらゆることに配慮することができます。

人に見られている、いないに関わらず、人や物との調和や敬う心を大切にしています。

この章では、リーダーの姿勢のほか、ホテルやパーティーのほか、新幹線やエレベーターなどで、ＶＩＰの方がたが実践されているマナーを紹介します。相手を思いやる習慣を、私たちも参考にさせていただきましょう。

# 後始末

## 公の場も、来たときよりも美しく

### 次の人のための習慣

旅行でラスベガスに行ったときのことです。ロサンジェルス経由で、ラスベガスに入りました。今回の目的はカジノで遊ぶことよりも、ミュージカルを観ることよりも、グランドキャニオンを楽しむことでした。個人旅行でしたので、5日間の滞在中で一番天気の良い日であろう日を天気予報で調べ、小型飛行機を予約しました。

ラスベガスから郊外を走り、ローカル空港から飛行機に乗り、グランドキャニオンに向かいます。狙っていた甲斐があり、最高の観光日和でした。小型の飛行機ですので、ウエイトオーバーにならないように、チェックインする前に、一人ひとり体重計に乗らされました。時間が意外とかかり、他の旅行者の方ともおしゃべりに花が咲きました。日本人は私達だけで、他はイギリス人のご夫婦とドイツ人のグループが同じ

飛行機に乗り込むことになりました。出発前、化粧室に行くと、先程からお話ししていたイギリス人のご婦人が、ちょうど手を洗っていました。そして彼女は、天気のことや旅行日程など、何気ない話をしながら、洗面台に飛び散った水滴を念入りに拭き出しました。その姿は自然で、思わず見入ってしまったほどです。次に使用する人のために、後始末をする習慣が身についているのでしょう。

そういえば、国際線のファーストクラス・ビジネスクラスのラウンジにあるシャワールームでも、一度、お客様が使用なさると、清掃スタッフがすぐに、清掃し、次の方に気持ちよく使っていただくのですが、「え……お使いなったの？」と思うくらい、水滴までふき取ってくださる方もいらっしゃると聞きました。

特別な方は、接面台、浴室、トイレ、次の方に気持ちよく使っていただくために、自らが清掃し、水滴も残さないことを習慣となさっているということです。

昔、祖母の家に泊まりに行ったときに、「トイレは入ったときよりも、出るときの方が、きれいな状態にして出なさい」と言われていたことを思い出しました。

機内でも、使用後の毛布をきれいにたたんでくださる方や、使用したベルトを元のようにクロスして、使用前のように整えてくださる方もいます。

「立つ鳥、跡を濁さず」ですね。

特別な人とは、自分本位でなくて、人のことを考えることができる人なのでしょう。

実は、先程、お話をしたご婦人ですが、なんと宿泊ホテルが同じでした。

その夜、カジノに行くと、その方をお見かけしました。日中、お会いしたときのカジュアルな装いとは全く異なり、イブニングドレスをお召しになって、美しさが一段と際立っていました。私は思わず見とれて、そのお姿を目で追っていました。ご夫婦は高額なチップをかける特別コーナーで、少しの間、楽しむと、奥様はそのまま立ち去るのではなく、ディーラーに軽く微笑んで挨拶すると、飲んでいたグラスを隅に片づけて、自分の椅子と、ご主人の椅子を整えてその場から立ち去りました。

次の朝、ジムに行くと、すでにこのご夫婦が、マシンを使ってトレーニングに励んでいらしたのです。あの素晴らしいスタイルは努力なくしては生まれないことを目の当たりにしました。次のマシンに移るとき、汗を拭きとるために、タオルで持ち手を丁寧に拭いていらっしゃいました。これはご主人も同じでした。次に使う人への配慮からでしょう。

スイートルームにお泊まりになる特別な人の部屋は、掃除をする必要がないくらい大変きれいであることをホテルで働く友人から聞いたことがあります。もちろん、すべての方がそうであるとは言いきれませんが、多くの方は、整理整頓がなされていて、清掃スタッフがあまりの汚さに閉口してしまうということがないそうです。ベッドも寝て起きたという状態ではなくて、整えられているそうです。まさにたしなみですね。ごみ箱には、持参したビニール袋を使い、清掃スタッフが片付けやすいように配慮していると聞きました。それから私も、ビジネスでもプライベートでも、ホテルや旅館に泊まるときは、ビニール袋を用意して、ごみ箱にセットしてからごみを捨てるようにしています。

さらに、日本の旅館などでは、宴会や大浴場でスリッパを脱ぐことがありますが、たとえスリッパが散乱していたとしても、知らんぷりという人も少なくないでしょう。不特定多数が使うスリッパは決して衛生的なものではありません。できれば素手で触りたくないですね。しかし、見えないところで、人のスリッパを揃えることができる人もいるのです。

これこそ、陰徳《いんとく》の貯金と言えるでしょう。

その姿を見た人はどう思うでしょうか。「自分も……」ときっと思うはずです。

人の手を煩わせないためにも、自分の履物を揃えることぐらいは、最低でもするようになるでしょう。

自分の後始末を、さり気なくすることは、素晴らしい心遣いですね。

## 公共の場こそ美しく
## 次に使用する人の為に、きれいに整える習慣を

# リーダー

## 憧れのリーダーはねぎらい上手

### 分け隔てなく親しみやすく

ある企業に研修に伺ったときのことです。一日研修の場合、日頃はお目にかかることが叶わないようなトップの方や、研修担当者とお昼をご一緒することがあります。この日も、社員食堂でお食事をいただくことになりました。ランチメニューから好きなものを選び、セルフ方式で、自分でトレイに載せていく形式です。ご一緒してくださっている女性の代表取締役が、食堂のスタッフに声をかけ始めました。

「今日は何がお勧めかしら」から始まり、さり気ない世間話が続きました。数分の立ち話でしたが、後で、部下の方に伺うと、日課としているとのことでした。

食事が終わり、トレイを洗い場に持っていくのですが、そこでも洗い場を担当している女性に、「ご馳走さまでした。手が冷たくて大変でしょう。美味しかったわ」と続けて、世間話をしていらっしゃいます。しっかり仕事をしてくれていることに対する感謝の言葉と、雑談を楽しんでいらっしゃる様子に見ていても心温かくなりました。床掃除をしているスタッフにも「今日は、雨だから大変ですね。でも、だいぶ暖かくなってきたから、桜ももう間もなくですね」と、気さくに声をかけていました。

常に、相手に関心を持って、相手が興味を持ちそうな話題を選んで、世間話を楽しんでいらっしゃいました。相手の話に熱心に耳を傾け、反応上手でもありました。ともかく誰に対してもねぎらい上手なのです。

会社の代表者ですから、遠慮してしまいそうですが、人によって態度を変えることなく、誰からも話しやすい存在だったのです。

自然と、気を遣わせない工夫をなさっていたのです。

地位や肩書きでなく、自分の仕事を一生懸命している人には、進んで声をかけていたのです。何度かご一緒してわかったのですが、仕事を真面目にしない人には大変厳しい人でしたが、そうでない人には部下であれ、食堂の女性であれ、ねぎらいの声をかけ続けていました。気どることなく、いつも親しみを込めて話してくださっていました。

ある人にはペコペコしていて、ある人には横柄な態度をとる。差別されたら、誰でも不快な気分になるでしょう。

特別な人達は、**特別扱いはしてくれても、差別はしません。**

バカにして、軽くあしらうようなことはしないのです。無視することも、自尊心を傷つけることもしません。徹底しています。相手を不快にさせません。

相手の気持ちを傷つけず、相手の重要感を引き下げません。むしろ持ち上げるようにする言動ができる人です。

どのような場面でも、敵をつくりません。元々、敵が多く、ついてくる人がいなければ、リーダーシップも発揮できませんから。当人にとっては、当然のことなのでしょう。

**どんな人をも受け入れる寛容さを持っています。**

利害関係のない人ほど丁寧に接することを心がけているのでしょう。人間と人間の付き合いを大切にしているでしょうか。これをなおざりにすると、ビジネスもうまくいかなくなります。

あなたは、上司と部下、先輩と後輩、外部のお客様と仲間への態度を変えてはいないでしょうか。もし、人によってあからさまに態度を変えているとしたら、その姿は見られています。たとえうまく話せなくても自分から挨拶することを心がけましょう。

人付き合いが苦手、話し下手という人もいるでしょう。

コミュニケーションの主役は誰ですか？　相手です。自分が主役と思っていると、「人にどのように思われるだろうか、うまく話せるだろうか」と、自分の体裁ばかりを気にしますが、そうではありません。主役である相手のことを考えればいいのです。自分がいかに話すかよりも、相手に何が伝わるか、相手を主役にして考えてみましょう。内向きから外向きの意識です。

あがってもいいです。むしろあがるくらいの方が、よい緊張感があっていいと思います。「あがる」ことより「さがる」ことが怖いのです。無気力でエレルギーのない人との対話ほど、つまらないものはありませんから。

自分から笑顔で話しかける習慣をつければ、あなたも親しみやすい存在になれるはずです。

# 誰に対しても、親しみやすく、物腰は柔らかく
# 自分から笑顔で話しかける習慣をつけましょう

# 公共の空間

## エレベーターでのおしゃべりは控えましょう

### 気遣いできる人の共通点

ここは、老舗のホテルです。

久しぶりに会った友人とは話が弾み、最上階にあるレストランで食事をすることになりました。話をしながらエレベーターの到着を待っていました。

乗り込むと、すでに何人かの方が乗っていました。

エレベーターに乗る前に話していた内容が中途半端な状態で、会話を再開させたいと思っています。このようなとき、あなたは周囲を気にせず話しかけますか。

「小声なら」と思い、続けますか。内容が深刻でなく、差し障りのないものなら良いと考えるでしょうか。それとも、エレベーターのような密室ですから、狭い空間では、他人がいるので、決して口を開かないと思うでしょうか。

ＶＩＰとされている人は、決してこのような場所ではおしゃべりはしません。口を慎みます。

当然、小声で話すことも、密室では、他人に迷惑がかかると考えるからです。たいした内容でないとしても、情報が漏れてしまう可能性があるからです。本来は、大変慎重にならなくてはなりません。

決して自分たちが中心と、我が物顔でおしゃべりに興じることはないのです。当然のことながら、人前で高笑いもしません。極力、沈黙を保ちます。

レストランに着くと、窓側の眺めの良い席を案内してもらいました。4人席のテーブルに2人で座ったのですが、案内係の方に、「よろしければ、お荷物はこちらの椅子にお置きください」と、声をかけられました。私の持ち物は、小さなハンドバックでしたので「こちらで結構です」と、自分の腰と椅子の背の間に置きました。

そこで思い出したのです。新幹線のグリーン車に乗ったときの光景を。

隣の席が空いていても、不思議なことに隣の座席に自分の荷物をドカンと置いている人はいませんでした。足元に自分の荷物を置いています。ついつい隣が空いているとわかると、思わず、ゆったり使いたくなってしまいますが、特別な方がたはそうはなさらないのです。何事においても、我が物顔はしないということです。一席の価値をご存知なのです。

乗り合わせたときは、後から乗ってきた人が、先に乗っている人に対して、さり気なく、会釈をして座ります。

皆さんはいかがでしょうか。コンサートやセミナー会場、映画館において、隣にすでに人が座っていたら、目を見て、会釈してから座っているでしょうか。そうありたいですね。

これも何かのご縁です。あなたからの会釈ひとつで、短時間でも、気持ちの良い空間、時間に早変わりします。

新幹線の車内でお弁当を召し上がるときも、必ず隣の方がいらしたら、「失礼いたします」と一声をかけてから召し上がっていました。狭い空間では、食べ物は匂いを発するものですから、お相手にとって、不愉快な思いをさせてしまってはいけないと配慮のできる人でありたいですね。

「隣に座っている人なんて、自分には、関係ない」とは思わないことです。公の場でこそ気遣いできる人になりましょう。

**エレベーターや新幹線では、さりげない会釈や一声で偶然隣り合わせた人にも配慮を**

# 約束

## 相手のためにも、本当にできる約束を

### 約束の価値を知っている

一流と言われている人は、約束したら必ず守ります。

できない約束を軽々しくしないのも共通点と言えるでしょう。

もしかしたら、ドタキャンになるかもしれないけれど、とりあえず、相手が期待していることだし、自分もできたらそうしたいと思っているので……ついつい調子よく約束してしまうこともあるのではないでしょうか。

しかし、約束したことを守れないことほど、信頼をなくすことはありません。

多くの時間管理は、優先順位で決めていくことが多いと思うのですが、一度した約束を相手が破るということは、自分の約束よりもそちらを優先させたということですので、自分は軽く見られていると思ってしまいます。絶対失いたくない相手であれば、きっと約束をたがえるということはしないでしょう。

約束を破った相手に対しては、不信感を抱きます。

約束を守らないということは、ウソをつくということです。平気で約束を破るようになったら、それは人間として失格と言えるでしょう。ビジネスの相手として選んでもらえるわけがありません。一生を共にする伴侶としても願い下げです。きっと、その人に集まってくる人達も約束を守ることにルーズで、いい加減な人達に囲まれることになることは想像できます。

そして、自分が約束を守る分、もし破られたとしたら、破られた事実をしっかり覚えているものです。ですから、相手を喜ばせようと、気遣ってできない約束をするよりも、すぐ破る安っぽい約束をするよりも、実は一時、冷静になって、あえて、安易に守れない約束はしないことが大事なのです。

一度、約束をしたことを徹底的に守ると、「あの人なら大丈夫……」と信頼されること間違いなしです。

「それでは、一度、お食事をご一緒しながら、お打ち合わせはいかがでしょう。来月でしたら、いつ頃がご予定よろしいですか」

このように、ランチミーティングからお酒を伴うディナー、接待などでのお打ち合わせなど、食べながらリラックスして商談する機会も多くなるでしょう。

もし、急な用事ができてしまい、間際になって、伺えなくなったとお伝えしたとしたらいかがでしょうか。せっかく予定していたお相手の時間を無駄にすることになってしまいます。どんなに重要な内容であれ、自分よりもそちらを優先したと思われてしまうということを覚えておいてください。

ドタキャンされた側にとっては、大変、迷惑です。

ホスト側は当然、予約の手配をしてくれていたでしょう。クーポン券などを使っていたら、間際のキャンセルは、クーポン券も無駄にしてしまう可能性もあります。約束はたがえない、基本中の基本です。

## 一度、約束したことは徹底的に守りましょう
## できない約束は安易にしないこと

# パーティー
## 内面のエレガンスが試されます

### ゲスト全員で雰囲気づくりを

知り合いの会社の創立60周年記念パーティーに呼んでいただいたときのことです。お父様の代から受け継がれ、社長に就任なさり、20年が経ったお祝いも兼ねています。大変、盛会で、多くの著名人もいらして、国際色豊かなパーティーでした。基本的に男性は白タイが義務づけられていました。私は海外の方も多いと伺っていましたので、紋入りの色留袖を着ていきました。

着席の格式のあるパーティーでしたが、着席前には別室で、軽く飲み物を楽しむことがました。各自がカウンターで飲み物を注文し、テーブルを囲んで、立ちながら会話を弾ませたり、周囲にある椅子に座って、入場案内を待っていました。

私が部屋に入ると、直ぐに、見ず知らずの男性が「飲み物は何がよろしいですか」

と声をかけて下さいました。恐縮しながらもお願いすると、飲み物を持ってきてくださり、ご自分の知り合いがいるテーブルに案内して下さり、紹介までして下さいました。その中心には、着物姿が大変お似合いのエレガントな白髪の女性がいらしたのです。飲み物をサーブして下さった方のお母様でした。

凛としていて、まさに女性から見ても憧れてしまうような、最上級の品格を持ち合わせた女性でした。お召し物も誰が見ても最上質であることがわかる素晴らしいものでしたが、なによりも表情、ふるまいが美しかったのです。それだけではなくて、この方は、初めて会ったかなり年下であろう私の着物をほめて下さり、話の輪に入れて下さったのです。息子さんたちが話しているときは、黙って存在感をなくして、最高の雰囲気づくりをなさっていました。

皆が話している内容についていけない、楽しむことが出来ないのは、その場を興ざめさせてしまうものです。マナー違反と言ってもいいでしょう。

この方のように、年をとることでさらに内面のエレガンスがキラリと光る、どのような話題も楽しめる教養に溢れる女性になりたいと強く感じたのでした。

年を重ねるにつれてフォーマルなパーティーから、ホームパーティまで、様々なパーティーにお呼ばれする機会も多くなると思います。

厳かな結婚式のパーティーなど、正式なパーティーに呼ばれた場合は、ドレスコードも決まっていますので、ルールに従って、パーティーを楽しんでください。

また、パーティーをホスト、ホステスに任せきりにするのではなくて、参加者全員がその場を楽しむ雰囲気づくりをすることが重要になってきます。

つまり、ホステスだからではなくて、ゲストであっても常にみんなが楽しめることを意識している。全員が楽しめる工夫をしているということです。

つまり、**もてなし上手であり、もてなされ上手**と言うことです。

たとえば、ひとりでポツンと寂しそうにしている人はいないでしょうか。周囲に気を巡らせているでしょうか。知っている人同士ばかりで話さない、特定の人とばかり話すのではなくて、話題を皆にふり、会話をとぎらせないようにしていますか。重要なのは、会話についていくと言うことです。会話を盛り立てられる人になりましょう。

初対面の人を放っておくのではなくて、和の中に入れてあげてください。あなたは紹介上手でしょうか。

全体を見て、時には陰になる、目立ち過ぎないことも必要です。教養のある、素敵な女性はホストを盛り上げ、人を立てることができます。パーティーは食べる、飲むことが中心ではなく、人との交流が中心です。飲んでばかり、食べてばかりとならないように気をつけましょう。あなたのふるまいは見られています。


私は着席のパーティーでは、ゆっくり、美味しくお食事がいただけるので、空腹で伺いますが、立食の場合は、食事を済ませてから参加するようにしています。何も食べないと、周りの方に気を遣わせてしまいますので、一皿分くらいはお腹に入れられるようにしておくといいでしょう。

不特定多数の人が集まるパーティーは、和を重んじているか、人柄が試される格好の場所なのです。

# 食べる・飲むよりも、人との交流を大切に
# ゲストであっても、全員が楽しめる工夫をしましょう

最上級のマナーレッスン3

# 手土産・靴の脱ぎ方・花束の持ち方・車の乗り降り

## 手土産

手土産は、袋から出してお土産だけを
お渡しするのが基本のマナーですが、
袋があった方が持ち運びしやすいので、
紙袋は2つに折って、お土産の下に
添えるとより親切です。

## 靴の脱ぎ方

料亭でのお食事やお家に招かれたときに、
玄関から入りそのまま前に進み、
やや斜めを向いて靴を脱ぎます。
上がってから、後ろを振り返り、
座って靴を揃えます。

**靴**
玄関正面の向きに対して、やや斜めに脱ぎます。
**ひざ**
一度座ってから、最後に靴を揃えましょう。

## 花束の持ち方

パーティーなどでお祝いの花束をお持ちする際は、
お花も自分も引き立つ持ち方をしましょう。

**花**

お花は、斜め上向きになるようにして、自分の胸の下からおへその下の間で持ちましょう。

## 車の乗り降り

タクシーや車の乗り降りが
スマートにできる人はとてもエレガント。
ドアの開閉をして下さる方への
お礼も忘れずに。

**腰**

乗るときは腰から座り最後に足をしまいます。降りるときは両足を出してから、立ちます。

*column 03*

# レディーファーストの受け方

「この人のことは大切にしたい、何かできることはないだろうか……」

男性がそう思う女性とはどのような人でしょうか。

なぜか、エレガントな女性の傍にはダンディーな男性がいるものです。魅力あふれる女性を大切にエスコートしている男性の姿があります。

女性として生まれたからには、いつまでも男性に大切にされたいものです。つまり、女性自身もいくつになっても、思わず大切にしたくなる女性であり続ける努力はしなければならないということです。

男性から自然にレディーファーストしてもらえる女性は、日頃から自分のことを大事にしています。女性らしくあることは、それだけで価値のあることです。甘えたり、馴れ馴れしくしたり、よわよわしく頼ったりすることを言っているのではありません。凛とした

プライド、楚々とした気品、柔和な優しさに触れると、男性はその人に対して敬意を払いたくなるものです。自然とレディーファーストを実践してくれるでしょう。

## レディーファースト　5つのポイント

1、女性は、男性がコートを着るのや、脱ぐのを手伝ってくれたら、「大丈夫です」と遠慮するのではなく、「ありがとうございます」と、相手をニコッと笑顔で見て、身を任せましょう。

2、レストランに入るときは、男性が先、女性は後から。テーブルに案内されるときは女性が先を歩き、続いて男性が後に続きます。

3、飲み物、食べ物の注文は男性がしますので、仕切らず、任せましょう。

4、男性が大きな荷物、重い荷物に気づいて、持ってくれるのであれば、お願いしましょう。男性は腕力が強いのですから、遠慮せずに任せてしまいます。

5、車道を歩くときは、男性が車側を歩きます。さり気ないエスコートはありがたく受けましょう。

*chapter4*

# エレガントな女性の
# TPOとテーブルマナー

世界で活躍する女性たちは、
自己プロデュース力に長けています。
この章では、TPOにスポットを当てて
好感を持ってもらい信頼を与える演出や
美しく見えるポイントを紹介します。

本当にエレガントな女性は、心と体の自己管理を徹底しているように思います。

不機嫌で、表情が険しく、すっぴん顔にボサボサ頭、おまけに足を広げて、ダラーとした怠惰な姿では、当然、レディーとは認めてもらえません。

人前ではいつも、健康で容姿を整え、明るく、穏やかでいるべきと考えています。それはきっと、他人に好感を持ってもらい、信頼感を与えることが、人生を歩んでいく中で、いかに重要であるかを知っているからです。

そして、世界で活躍する女性は、**自分への高い美意識と仕事への強い責任感**を持っています。

この章では、女性らしさの演出についてお伝えしていきたいと思います。

なにしろ、エレガントな女性たちは、自己プロデュース力にたけているのです。

自分が夢中になるのではなくて、相手に望まれるような女性になるためにしてほしいことです。

ときには、神秘、きまぐれ、プライドの高さ、わがままさも、逆に大人の女性としての魅力に繋がると思っています。

女性的な魅力を発揮している人、エレガントな女性は、プライベートだけでなく、ビジネスシーンでも得をするのです。

決して、「なよなよした女性らしさを売りなさい」と、言っているのではありません。むしろその逆です。自分を磨いて、凛としていて、自分軸をしっかり持っている女性です。

自分の**外見と内面の美しさに責任を持てる女性**になることが目的です。

内面については今までの章でお伝えしてきましたので、ここでは、自己プロデュースの観点から、外面に焦点を当てて、美しく見せるポイントをお伝えしたいと思います。

どんなシーンでも、自分に自信を持って、ともかく**上品に見えるように**ふるまいましょう。

# パフォーマンス

## 栄えある機会を活かしましょう

### 自分を演出する力

２０１２年、講演先のひとつである株式会社資生堂様で、第3回「グローバルBCコンテスト 世界大会」が開催されました。外部審査員として、主に「おもてなし」の応対についての審査に呼んでいただいたのですが、そこで大きな気づきがありました。

日本をはじめ、世界89の国と地域で活動するBC（ビューティーコンサルタント・美容部員）の皆様が、日頃、培っている美容技術・応対力を競い合うコンテストですが、今回の参加総数は約２０、３００名で、予選を経て選抜された32名（国内16名・海外16名）が、店頭応対やトレーニングの成果を発揮するもので、審査といっても数々の予選会を勝ち抜いて、選ばれた方がたばかりですので、その中で順位をつけることは至難の業でした。

スキル、テクニックはもちろんのこと、お客様のお一人おひとりの立場に立って、いかに心の声を聞き、それに誠実に確実に応対していくのかが求められます。

BCの皆様は、単に化粧品を販売しているのではありません。心に寄り添い、お客様の内面を整えて、心と体を癒し、女性をきらめかせるプロとして、夢、希望や、幸せを与える方々です。

女性が明るく、元気になれば、周りにいる人達、特に男性を勇気づけることができます。この大会では、資生堂の皆様が大事になさっている**整容**（外見を整える）という部分では、申し分のないくらい、美しさが磨かれている方ばかりなのですが、まさに、人を美しくするためには、まずは自らが実践者になるということも教えていただきました。

どなたも自分を美しく見せることを使命とし、自分の美しさに責任を持っていらっしゃることが伝わってきました。

日々の努力、自己管理によって、自分が開花していくことを楽しんでいらっしゃるのでしょう。美しい花、香りのいい花には自然と蝶が集まってくるように、美しい、魅力を持った女性には自然と人は引き寄せられるのです。

大会では、最優秀賞から特別賞まで選ばれました。私の目には、スキル、テクニックでは、全く差は感じられませんでした。最後は、どれだけパフォーマンス力があるかというところが、決定のポイントだったように思います。

このような大舞台に限らず、日常においても、私達はそれぞれの舞台に立ち、仕事をしていますが、どれだけ自分の価値を見せることができているでしょうか。また人を魅了しているでしょうか。

ここぞというときに、自分を演出する力を発揮できるかが、大きなポイントとなります。

せっかく与えられた栄えある機会を活かす、舞台で見せる習慣を身につけていきましょう。

自己PRし過ぎたり、自慢することではありません。

まずは自分の価値を自分で認めて、自己イメージを高く持ち続けることです。

そのために、いかに女らしさを上げるかということを考えましょう。

美しい笑顔の表情、視線はきょろきょろせず、すべてを包み込むような優しい目元、美しい歩き方、立ち方、指先の動き、対話の仕方、すべてにおいて、エレガントさが求められます。

その中でも特に、女性として身につけていただきたいのが姿勢です（46ページ）。気品が感じられる姿勢を習慣とするだけで、自己イメージが高められます。

首をすっと伸ばして、少しあごを引きます。あごと肩をできるだけ離すイメージです。さらに、背筋を伸ばせば、自然とデコルテ（首下の鎖骨あたり）も開き、上半身の女性らしいラインが引き立ちます。これを常に意識をしておきましょう。

**自分に与えられた機会を活かしましょう**
**美しい姿勢で自己イメージを高く持ちましょう**

# TPO 夜はフェミニンな装いを

## 昼夜で印象を変える

大型客船の旅にお出かけになったことがあるでしょうか。

私は生まれも、育ちも横浜ですので、横浜港に何十回と大型客船が停泊しているのを見てきました。港で、乗降客のお姿を拝見しましたが、朗らかで、楽しげで、洗練された方ばかりと記憶しています。残念ながら、横浜港から世界に向けて出港した経験はまだありませんが、豪華な客船を見上げながら、いつかはと楽しみにしています。

クルーズで素晴らしかったと記憶しているのは、カリブ海クルーズです。

船でのお食事は基本的にはすべて無料で好きなものがいただけます。特別なものを頼まない限り、元々の料金に含まれているので安心です。

当然、食事は三食いただきますが、ここであるショックを受けました。

欧米人もたくさん乗船なさっていましたが、多くの方がたが食事のたびに着替えていらっしゃったのです。特に、ヨーロッパのご婦人がたは午前と午後のお茶の時間まで着替えをなさる方がいました。つまり一日5回、お召し替えするということです。朝食、昼食では、ふわーとしたワンピース系のもの、サンデッキでいただくお茶のときは少しカジュアルでした。夕食は当然ながらカクテルドレスや、イブニングドレスをお召しになっていました。もちろん、アクセサリーも変えています。

それも毎日。どれだけの洋服を持参なさっているのでしょう。確かに乗り込む際に、持ち込んだ大型のトランクの数ははんぱな数ではありませんでした。きっとあの中身の大半は女性の洋服だったのでしょう。

そのおしゃれぶりに、目を奪われたと当時に、自分が女性として配慮不足だったことに気がついたのです。「郷に入っては郷に従え」です。

豪華客船に乗り込んだのであれば、その雰囲気、しきたりを壊さないように、ハイクラスの雰囲気を、乗船者自らが大切にしなければいけないということです。

何度か、あるご夫婦と会話を楽しんでいると、「ご一緒にいかがですか？」とお食事を共にすることもありました。みすぼらしい格好をしているわけではありませんし、ディナーにはドレスに着替えるのですが、それでも女性として、情けない気持ちになりました。

服装にもそこまで気を遣っていらっしゃるご婦人がたを拝見し、同性としても、大変、目の保養になりましたし、さらにお食事が美味しく感じました。

**世界基準の女性は、食事ごとのお召し替えは当然**のことと気がついたのです。

ニューヨークのエグゼクティブ達は、クローゼットに数着のスーツやドレス、質感の違うブラウスも用意していると聞いたことがあります。また、シャワールームも整っていて、夜の食事の前にはシャワーを浴びて、着替えてから出かけるのは当たり前の習慣という方もいると聞いて、憧れたのを覚えています。

日本では、せいぜい、昼と夜に着替えるくらいですが、昼間に仕事をしていて、夜、もし、異性からお食事に誘われたようなときはどうなさいますか。

夜、お食事の誘いを受けたら、可能であるなら、オフィシャルな装いでなくて、会社の更衣室で着替えるなり、化粧室やホテルで着替えるなり、柔らかい女性らしい洋服を持参して着替えると良いでしょう。トップスのインナーの素材をシルクなどにして柔らかいフェミニンな質感に変えるだけでも違ってきます。

こんなことがありました。お食事に誘っていただいて、昼の延長線上で出向いたときに、誘ってくれた男性が少し悲しげな顔をしていたのです。普通のスーツでしたが、なんとなく、自分でも盛り上がりに欠けてしまったと感じました。可能なら、そんなときのために、携帯しやすく、しわにもなりにくい、女性らしい夜用のワンピースを用意しておくといいですね。

昼間の装いのままでは相手をがっかりさせてしまいます。特にパンツスタイルは避けましょう。化粧直しも夜の暗い照明なら少し濃い目にして、髪型もアレンジ可能ならアップにするなど女らしさを演出します。特にドレスとヘアースタイルのバランスを気をつけるようにしています。

お昼は、ドレッシーな装いはしない、厚化粧もしない。夜はスポーティー、カジュアルな装いはしない、エレガントでセクシー。この変化を楽しんでください。同行者も驚きと喜びを隠せないでしょう。上品な変身を楽しめると、ますます楽しくなりますね。

身につけているものは、人を表すと言います。

服装から変えていくことも必要ですね。

プライベートでは、女性らしい形や色合いを意識します。

デコルテを開けることも大事です。デコルテは、女性の首から胸元にかけての部分。胸元を開けることで女性の優しさや美しさを引き出せることができます。

首をすっきり伸ばし、開いた胸元はきれいでセクシーです。きっと誰でもがデコルテを開けることで、女性の美を楽しむ余裕が生まれます。

## 夜のお食事は、カジュアルNG
## 昼夜でその場にふさわしい上品な変身を楽しみましょう

# 足元

## 一番最初に見られるのは、靴です

### 靴のメンテナンスは入念に

「すり減ったかかと、はげたつま先の靴だけはちょっと……。そこだけは気をつけてくれよな」

昔、付き合い始めたばかりの恋人と、相手にこれだけはしてほしくないことをお互い、率直に伝え合ったときのことです。思わず自分の靴を見ましたが、セーフだったのを確認し、安心したのを今でも覚えています。

どんなにおしゃれに気を配っていても、靴が汚いとすべてが台無しです。彼にとって、自分の足元も整えられない人は興ざめしてしまうということだったのでしょう。

街を歩いていて、かかとが排水溝に引っかかってしまって、かかとを傷つけてしまったという方も意外と少なくないと思います。すり減るまで、一足の靴を履き続けるということは現代の女性ではなかなかないことでしょう。しかし意外と靴は汚れやすいのです。靴のメンテナンスは入念にしておきましょう。

「その人を知りたいのなら、靴を見よ」

これは、イタリアのことわざです。

ホテルのドアマンが一番先に見るのも靴だそうです。どんなに立派なスーツを着ていても、靴が汚れているようでは本物ではないと見られてしまいます。

本物の紳士の靴は手作りの高級品を手入れしながら、一生履き続けるそうです。

足元の演出、**女の装いは足元から——**

見られていないようで、実はすごく見られているのです。靴はともかくピカピカに磨いて手入れしておかなければなりません。

靴のサイズは合っていますか。大き過ぎると、歩いているときにパカパカしてしまい不格好です。小さすぎる靴は耐えられるものではありません。

自分の足に合った快適な靴を選びましょう。

型崩れをした靴も気をつけましょう。お気に入りの靴や歩きやすい靴ばかり履いていると、その靴だけすぐにヨレヨレになってしまいますね。毎日履かずに、2日間くらい休ませて履く、というようにいくつかの靴を交互に履くようにしましょう。

ヒールの魅力は、なんといっても足が細く長く見えることです。ふるまいも自然とエレガントになってきますね。

その人のセンスや几帳面さが出るのが靴ではないでしょうか。

## 女性の装いは足元から
## センスや几帳面さが伝わるのが靴です

# 小物

## 上質でオーソドックスなアクセサリーを

### あなたらしい腕時計をセレクト

「クリスマスツリーのように、アクセサリーをつけてはいけません」

どこかでこのような言葉を聞いたことがあります。確かにクリスマスツリーはきらびやかで、私達の目を楽しませてくれますが、女性が身につけるアクセサリーのつけすぎは、興ざめしてしまうものです。女性の目から見てもそう感じるので、男性からはなおさらでしょう。

アクセサリーは、女性の永遠の憧れ。いくつになっても、手に入れたくなるものですし、心がときめくものです。きらきらしているものを身につけると、不思議に楽しくなりますね。

しかし、エレガントな女性には派手過ぎないもの、上品な存在感があるものが似合います。

時間帯、場所、集う仲間、ゲストかホストなのかによって服装が決まってくると思いますが、その服装を活かし、あなたをさらに魅力的に演出してくれるのが、アクセサリーです。

私は、存在感はあっても主張し過ぎないアクセサリーを好んで身につけています。最近はホワイトゴールドが多くなりましたが、やはり清楚なプラチナの輝きが好きです。ペンダントのトップは真珠が多いです。大きな石よりも輝きを重視しています。下品にならないように、派手過ぎず、安っぽくならないものを使いましょう。つけすぎず、飾り過ぎず、数は少なくていいから、上質なオーソドックスなものを選ぶと失敗することはないでしょう。

選択の美を楽しんでみませんか。持っているもののバランスがとれていることが大事です。ANAのCAの規定では、指輪はひとつ、ピアスは5ミリ1組まで、ネックレスはヘッドのないもの1本までと決められています。

今まで、指輪で人を傷つけたことはないでしょうか。恥ずかしながら、私は自分自身で、反対側の手を傷つけたことがあります。大き過ぎると、人にぶつかったり、引っかかったりする可能性もあります。お茶席では、道具を扱うので、指輪を外すことになっています。

また、靴、バッグ、小物（腕時計など）もとても重要です。仕事をしているときは、腕時計はつけましょう。携帯で時間を確認するのは、エレガントではありません。

また、バッグ自体ばかりに意識がいって、バッグの中が乱雑ということはありませんか。バッグの中身は整頓されているでしょうか。驚く程乱雑になっているバッグの中身を人が見たらどう思われるでしょう。どのような素敵な装いをしていたとしても、家の中が散らかっていることまで想像させてしまいますね。

最後に、スカーフについてです。ＣＡはスカーフを制服の一部として愛用していますが、とても便利なものです。

機内は乾燥しています。温度も低めに設定されていますので、長時間のフライトでのどを守るためにも有効ですので実益を兼ねています。

１枚のスカーフで見た目の華やかさを醸し出すことができます。

2種類の色が支給されていますが、自分の気分次第で選ぶことができます。結び方も規定されていませんので、個性を出すことができます。私服のスカーフ結びもおのずと上手になり、スカーフひとつでアレンジが可能ですので、TPOに合わせて楽しんでいます。

ぜひ、スカーフでおしゃれを楽しんでください。

## アクセサリーやバッグ、小物は、自分を表すアイテム 少しいいものを厳選し、長く使いましょう

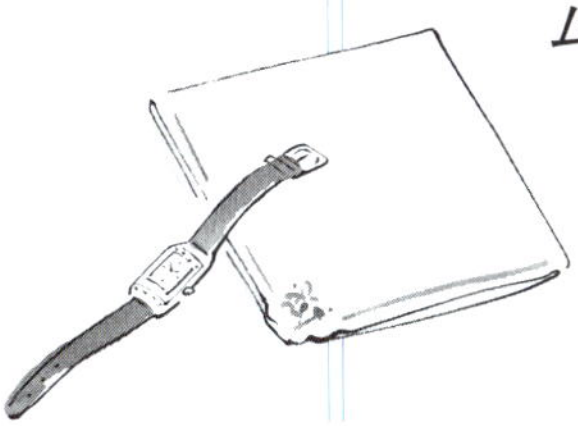

# テーブルマナー

## 美味しそうに食べ、楽しい会話を

### 日本料理には懐紙を

恩師から懐石料理のお誘いを受けたときのことです。

日本料理は季節感を大事にして、一品ずつ頃合いを見て、出来立てが出されます。料理も器も楽しめる、日本ならではのものですので、数日前から大変楽しみにしていました。

恩師は茶道の師でもあり、女性としても、表情やふるまいの美しさを心から尊敬しています。多くの日本の伝統芸術、文化をたしなみ、教養だけではなくて、実践者でもあります。私にとっては、先生のすべての所作が学びです。

お食事が運ばれると、給仕して下さった方に微笑みと共にお礼の言葉を述べ、お膳が正面に運ばれると、今度は調理した人への感謝の気持ちからでしょうか、お食事自体にも感謝の念を込めて、すぐに食べることはせず、優しい目元でご覧になっていました。

先生は胸元から懐紙をお出しになりました。日本料理をいただくときは、露などが垂れないようにしたり、魚の頭を押さえたりするために、**懐紙は必需品**です。懐紙を持っているだけでマナーを心得ている人と思ってもらえるでしょう。

先生は、「いただきましょう」と言って、美しい所作で召し上がり始めました。

まずは先付《さきづけ》です。和え物や珍味など季節のものが少量、酒菜として出されますので、**小さな器は手に持って食べていい**とされています。先生がそうなさったので私も真似をしました。

前菜、こちらも季節の食材を少量ずつ彩りよく盛り合わせたものです。前菜が運ばれたときに、恩師がすぐ食べなかった理由がわかりました。お料理が運ばれて「待ってました！」とばかりに、すぐに食べるのではなく、「目で楽しんでからいただきましょうね」と声をかけられたのです。

それは目食《もくじき》ということです。確かに季節感を楽しむ、器を楽しんでから、箸をつけると、美味しさは倍増します。そして、覚えておきたいのが、前菜は左、右、中央の順でいただきます。中央の部分からいただくと、お皿の中央に空間が出来て見苦しく見えるからだそうです。

串物は料理を串から外して召し上がっていました。一口でいただけないものは、箸で切って小さくしてから口に運びます。かじって、お皿に戻すようなことは決してなさっていませんでした。

お吸い物はまず、「吸い地」を一口いただき、次に実を召し上がっていました。途中で、手を休めるときは、箸を先に置き、その後にお椀を置きます。出されたように戻し、お椀に文様があるときは上下合わせておいて置くこともさり気なくなさっていました。

お造りは、盛り付けられているように手前から、白身などの味の淡白なものから食べはじめます。その後、貝、脂の乗った魚は最後にいただきます。

わさびはしょうゆに溶いてしまわず、造り身の方に少量ずつつけます。「つま」もお造りと交互に食べていらっしゃいました。

焼き物は、まず、「すだち」や「かぼす」など柑橘類が添えられていたら、右手指先で焼き物の上から絞りますが、その際には飛び散らないよう左手で覆う姿がとても女性らしかったのを覚えています。

尾頭付きは苦手という方も多いでしょう。頭が左、お腹が手前になるように出されますので、まず、背肉から箸をつけ、上身をいただいたら懐紙で頭を押さえ、骨を外し、下身をいただきます。裏返したり、骨の間から食べるようなことは絶対しないでください。**切り身は左側**からいただきます。

最後のお食事ですが、ご飯を一口いただいてから留碗《とめわん》、香の物と交互に召し上がっていました。

冷たいものは冷たいうちに、熱いものは熱いうちにいただくのが基本です。

ここで、懐紙の使い方を押さえておきましょう。着席して、膝の上に2つ折りのまま、輪を手前にしておきましょう。ナプキンのあるときは、使うときに胸元や、ハンドバッグから出して使います。使用した懐紙は持ち帰るのが原則です。懐紙の用途としては、料理を口に運ぶときの受け皿として使います。手で受けるのはNGです。

口元、グラスについた口紅などの汚れを拭くときも懐紙を使ってください。焼き魚の中骨を外すときに懐紙で頭を押さえると、手も汚れず、見た目もスマートです。小骨や種などを口から出すときに、懐紙で口元を隠します。出したものは懐紙で包めばよいでしょう。

食べ終わったときの食卓の様子は、その人を表すと言われています。

食べるスピードも周りの人と合わせているでしょうか。

お食事を美味しそうに食べ、楽しい会話を伴う食事こそ最高のひとときといえるでしょう。

## 西洋料理のルール

数人の友達と会員制のレストランに行ったときのことです。

雰囲気も、お料理も最高に近いランクでした。隣のテーブルには、30代後半であろうカップルが座っていました。見た感じとても素敵なカップルでしたので、なんとなく気になっていました。

メインの料理が運ばれてきたときのことです。どうしたことか、隣に座るおしゃれで美しい女性が、料理のお皿を持って食べたのです。

大抵のことでは驚きませんし、気にならないタイプの私ですが、さすがに、目を疑い、一気に落胆してしまったことがありました。

はじめに、西洋料理のマナーで最低限守ってほしいことをお伝えします。

皿や器は、基本的には出された位置から動かしません。

また、食器を手元に取り上げて食べることもしません。

グラス類は飲んだ後は元の位置に戻します。

**料理は左側から食べ始めます**が、口に合うサイズに小さく切ってから口に運びます。噛みちぎらないということです。

食事中、音を立てないように注意して、口にものが入っているときはおしゃべりしないのは基本中の基本ですね。

では、ここからはメニューごとの注意点や上手な食べ方をご紹介します。

まずは、オードブルです。コースの最初に出される料理ですが、食欲を高めるものですので、少量出されます。一口で食べられるものが、一皿に三種、五種と出てきますが、左側の料理から順番にいただきます。

日本では、スープは汁物で飲むものとされていますが、西洋料理では食べるものと位置づけられています。

スープは手前から向こう（イギリス式）、あるいは向こうから手前（フランス式）へスプーンを動かしてすくいます。前かがみにならないようにスプーンの脇から流し込みます。具や浮き身があるときはスープが多いうちにいただきましょう。すすったり、音を立てるのは最も嫌われます。

パンは、スープからメイン料理の終わりまでにいただきます。

バタークーラーからバターをパン皿に取り、一口大にちぎり、一口でいただきます。くれぐれも噛みちぎらないようにしましょう。

尾頭付きの魚料理のタブーは、魚を皿の上でひっくり返して食べることです。左手で頭の部分をフォークで押さえ、右手のナイフで魚の中心部に切れ目を入れ、まず、手前（魚の腹側）の半身をはがすようにして手前にずらし、向こうの部分（魚の背側）も身を外し、手前におろし、切り身と同様に左側から食べます（141ページ）。

下身は、まず骨を外しお皿の上側に置き、左側からいただきましょう。

ステーキなどの肉料理は、肉を全部先に切ってから食べる人がいますが、左側から一口ずつナイフで切って食べます。せっかくの料理が冷めてしまったり、肉汁が流れ出て本来の味が楽しめないからです。

また、骨や脂身は皿の上部にきれいにまとめておきましょう。

添えられた温野菜などは、交互にいただきます。

**テーブルマナーの基本を知っておけば**
**落ち着いて会話を楽しむことができます**

## 最上級のマナーレッスン4

# 日本料理・箸の持ち方・お吸い物の扱い

## 日本料理

お酒の席での会席料理を説明します(懐石料理は、130ページ)。

**先付・前菜** 和え物や珍味など、季節の物。

**吸い物**

**向付(お造り)** 手前に盛られた味の淡白なものからいただきます。わさびは、造り身に少量ずつつけます。

**煮物**

**焼き物** 添えられた柑橘類は、右手の指先で焼き物の上から絞ります(133ページ)。

**蒸し物**

**揚げ物** 天ぷらなど、油で揚げたもの。

**酢の物**

**ご飯・香の物** ご飯と漬物は、同時に出されます。

**水菓子(果物)**

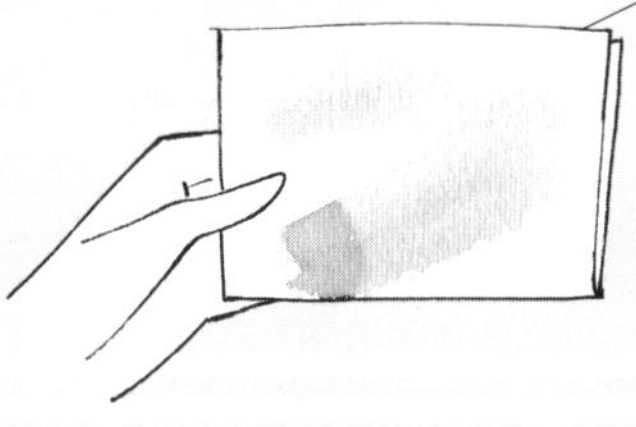

**懐紙**

日本料理の際、懐紙は必需品。2つ折りのまま、和を手前にして膝の上に(133ページ)。使用後は持ち帰ります。

## 箸の持ち方

- まず、右手の親指と人差し指、中指で箸を上からつまんでとりましょう。
- 次に、左手を箸の下に添えて支えます。
- 最後に、右手を右側に滑らせながら箸の下側に動かし（下図）、中指2本の間に入れながら箸を開き、左手を離します。置くときはこの逆です。
- 食事が終わったら、使用した箸は揃えて、箸袋の先を少し折って戻します

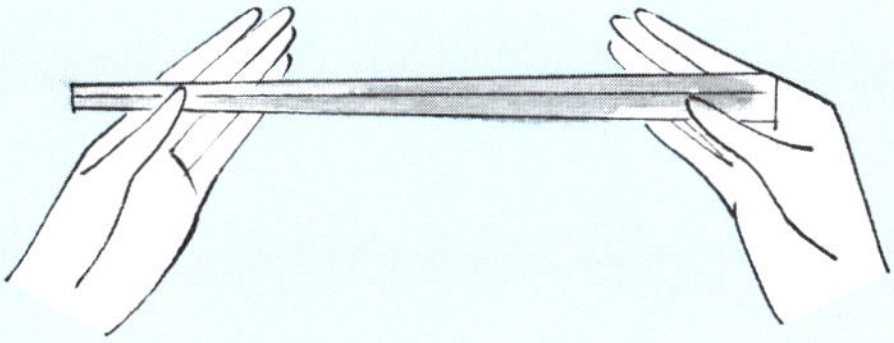

## お吸い物の扱い

- まず、左手でお椀の縁を押さえ、右手の薬指と人差し指で蓋の糸底《いとぞこ》の手前をつまみ（右図）、「の」の字を書くようにお椀に添って開けます（蓋に露がついているので「露きり」の所作）。
- 蓋は一度、左手に預け、右手に持ち替えて、お膳の右側に上向きに置きます。
- お椀を両手で取り上げ、左手の上に載せ親指を縁にかけて安定させて持ちます。
- 次に右手で箸を取り上げ、お椀を持った左手の人差し指と中指の間に一旦預けて、箸を食べるときの形に持ち替えます。

最上級のマナーレッスン5

# フランス料理・魚の食べ方・席の立ち方

## フランス料理

フランス料理の基本的なテーブルセッティングを紹介します。
長い髪はアップに、口紅がグラスにつかぬよう事前でティッシュオフをしましょう。

パン皿とバターナイフ。

グラスは右から、シャンパングラス、ワイングラス（白）、ワイングラス（赤）です。

ナイフ、フォークがたくさん並んでいる場合は、一番外から内側に向かって順番に使います。

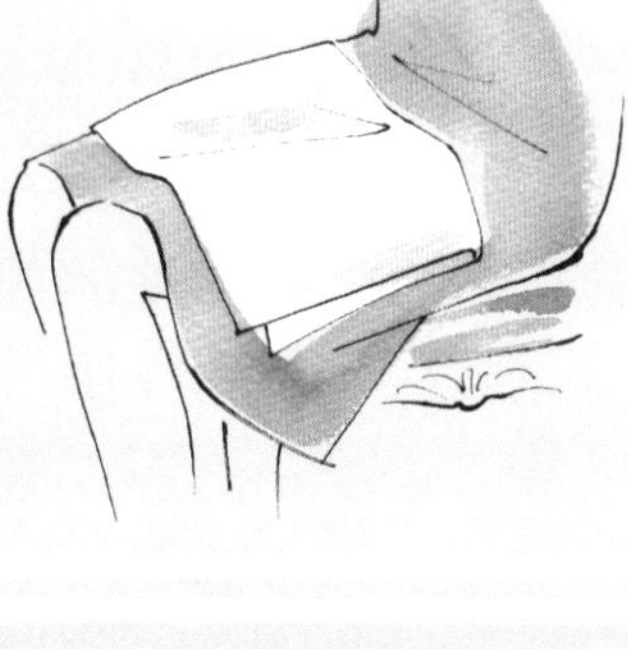

ナプキンは2つ折りにして、輪を手前にして膝の上へ。ワインなどを飲むときは、料理の油分を拭くために、ナプキンの内側で口元を押さえましょう。

## 魚の食べ方

### 上身の外し方

- フォークで魚の頭を押さえ、右手のナイフで魚の中心部分に切り目を入れます。
- 頭から尾まで切り目が入ったら手前半身（腹側）をナイフではがすよう手前にずらす（右図）。
- 次に向こう半身（背側）を骨から浮かせるようにして身を外す。外した身は手前に。
- 切り身と同様に、左側からいただきます。

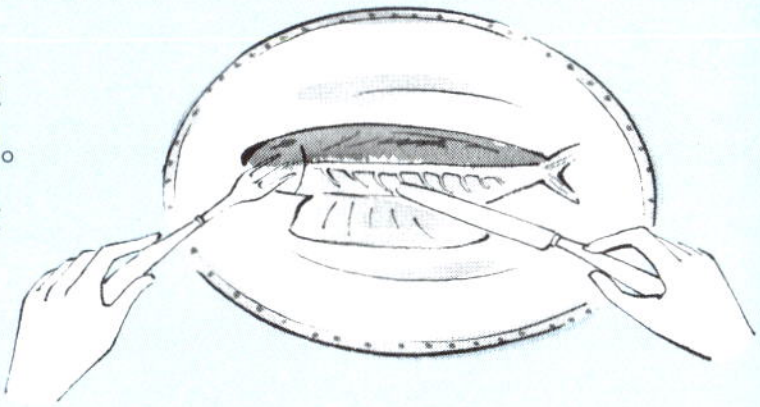

### 下身の外し方

- フォークで魚の頭を押さえ、ナイフの刃を外側に向け身と骨の間に差し込みます（右図）。尾の部分に差し込み、頭に向かって骨を沿って滑らせるようにして骨を外します。
- 外れた骨は頭ごと、お皿の上側にまとめて置きます。

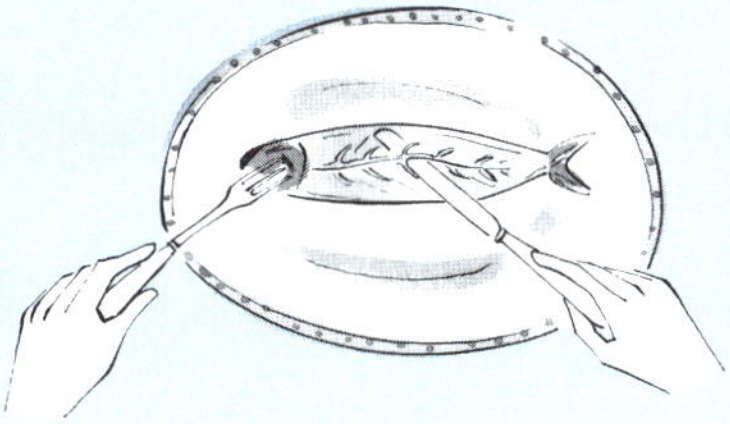

## 席の立ち方

フランス料理はデザートのときまでは席を立ってはいけませんが、デザート以降にお手洗いに中座するときは、ナプキンをテーブルの上に軽くたたんで置きます。

退席するときはナプキンを軽くたたんで汚れた部分を見えないようにして、テーブルの上に置きます（右図）。きっちりたたまないことが「美味しかった」のサインです。

column 04

# 社交上手はプレゼント上手

あなたはどんなプレゼントが欲しいですか。贈り物上手な女性は一目置かれます。贈り物には、あなたの心の温かさを添えてください。そして、お祝い事、お見舞い、招待状、贈り物をもらったら、返礼を早めに、忘れずにしましょう。

## 1 手紙

文字はその人そのものを表します。雑な読みにくい文字、薄く小さく存在感のない文字は読む気もなくなります。美しい字が書けなくても、丁寧に気持ちを込めて書きましょう。ただ儀礼で出すのではなくて、相手が読んで嬉しくなるような、工夫も必要です。一文でも相手に感動を与えるような意味のある手紙を書きましょう。

特に、私は初めてお会いした方へ、お会いできて嬉しかったという素直な気持ちを伝える手紙はこれからも大事にしたいと思っています。

何気ないメッセージカードも意外と嬉しいものです。封書でなくても気持ちのこもったカードは人柄が伝わり、人の心をとらえます。

## 2 花の贈り物

女性なら花を贈られることも多いでしょう。そのお花をスケッチして礼状に添えたら、きっと相手は喜んでくれるでしょう。花束を抱えた写真を同封するのも喜ばれますね。自分の送った花も見ることができますし、心のこもった礼状だと思います。そんな小さな思いやりもマナーです。

## 3 手作りの品

自分で作った手芸品、飾り物は最高のプレゼントです。

自分のために手間や暇をかけてくれたのだと思うと、その人の思いが伝わってきて、とても嬉しいものです。心に残るプレゼントになるでしょう。

*chapter5*

# 美しく年を重ねて夢を叶える女性のマナー

仕事、恋愛、自分磨き……
女性の人生は多面的で、
10年ごとに節目を迎えます。
常に、心や体の声を聞きながら、
自分らしい魅力を深めましょう。

人は誰でも平等に年をとっていきますが、美貌、スタイルの衰え方は、皆が同じではありません。

いくつになっても10歳以上若く見える人っていますよね。人によっては年を追うごとにきれいになっていく人もいるくらいです。個人差があるということです。自分に関心を持ち続け、美しさを保つ努力をしているか、いないかは大きな差となって表れます。

一般的には、女性は「若い」ことに価値を見出されます。ハリがあり、透明感のある美しい肌は思わず引き寄せられますし、すっきりとしまっている体のラインも見とれてしまいます。これは外見の美しさです。誰でも若いときは美しいものですが、年をとっても、好奇心、興味を持ち続け、自分を大切にできる人は、美しく年を重ねることができると思うのです。

年月を重ねた経験が、自信となり、教養となり、知恵となり、品格となって、表情や、雰囲気として外側に放たれます。

若さは衰えていくものですが、女性としての魅力は深めていくことができます。**優雅さと機知は、年の重ね方で増していくもの**です。女性らしいふるまいで動いたり、話せたり、柔らかく安心できる雰囲気を醸し出すのは、その人の生きる姿勢に大きく関わってきます。マナーは年を重ねるほどに、その人らしく成熟していくのです。

自分がこれからどう生きていくのか、これだけは自信があるというものを見つけられる自信の根源を探し出せるかの差は、美しく年を重ねるうえで、大変重要です。じっくり考え、道を定めるのに、遅すぎるということはありません。自分自身が自分の将来の可能性を信じることです。

女性は限りない優しさと、包容力、広く深い心で、社会を幸せにすることができると思っています。年齢を重ねることで、どう生きているのか、はっきり内面が表れてくるでしょう。ごまかしは利きません。内面が磨かれていれば、自然と外面にうつし出されます。つまり、自分の生き方、人生に誇りを持っていて、自分を向上させようとすれば、いつまでも魅力的でいられるのです。

# 自己管理

## 外見や内面を整えることは、他人へのマナー

### 自分が商品である意識

「自分が商品である意識を持っていますか」

そう、ある方に尋ねられました。

「商品ですか？」

初めての問いかけに正直、困惑したのを覚えています。

確かに、テレビ番組やラジオ番組に呼んでいただくことも増えてきました。講演、研修だけでなくて、万人に見ていただく機会もこれからも出てくるでしょう。

「いいえ」

そう、正直に答えました。初めは、「なんか、失礼な方！」とカチンときたのですが、よくよく考えてみると、「ちゃんとそこを意識して生活をしていますか？」という、私へのありがたい問いかけだったのです。

正直なところ、自分を大切にしている意識は強く持っていますし、好きなことを楽しく精進してきました。そのおかげで、今があるのだと思っています。しかし恥ずかしながら、年を重ねている意識、無理が利かなくなっている意識が希薄でした。当然、わかっていましたが、実際は自制していませんでした。清潔、上品、控えめに見えることは意識してきましたし、美のオーラを醸し出し続けたいと願ってきましたが、そのための努力が足りていませんでした。

外見、内面の魅力を高めたい、年齢を重ねるごとに美しくなれたらと思ってはいても、睡眠の質を高めたり、定期的に本格的に運動したり、肉体の手入れをし続けることをしていませんでした。そうです。手入れを怠っていたのです。

当然、仕事自体は夢中にしてきました。しかし、体重計に乗るだけの自己管理では、怠惰な日常生活から抜け出すことができません。それでは、美しさは続きません。女性として、**外見・内面を整え続けることが、実は他人へのマナー**だと思っています。

自己管理できるということは、相手を大切にするということでもあります。

コンサルタントや講師業は、人に話を聞かれる前に、自分自身を見られる仕事です。話を聞いてもらい、相手に理解してもらい、納得してもらうだけではなくて、「なるほど、その通り」と、賛同してもらい、行動に移してもらわなくては全く意味がありません。

つまり、何を言うかよりも誰が言うかにかかっています。

つまり、相手にとって、どれだけ存在感があるのかが、重要になってくるということです。そのためには、自分を商品だと思って、自分らしい美しいフォームをつくるための努力をしなくてはならないのです。

自分をしっかり見つめることから始めましょう。肌がたるんできた、目の下にクマができている、ホウレイ線が深くなってきた、食べたものがすべて身となってしまう、下腹部が膨らんできたなど、自覚することが大事です。目を背けてはいけません。

忘れもしません。金沢から羽田の復路便でのことです。

その年は、日本でミスユニバースの世界大会が行われた年でした。関係者を含め、ミスユニバースの団体がご搭乗なさいました。一番前のドアで搭乗案内をしていますと、次から次に、背の高いスタイル抜群の美女達がお乗りになったのです。地上から事前に、ミスユニバースの団体がお乗りになると連絡は入っていたのですが、その圧巻ぶりに、目を丸くしてお出迎えしたのを覚えています。只々見とれるばかりでした。他の乗客の方がたも同じ状態でした。まさに美のオーラが漂っていたのです。

上空に行くと、不思議な光景を目にしました。数十人の美女たちのうち、5、6人が、手鏡を見はじめたのです。自分の顔を丹念に覗き込みながら、表情を作っていました。以前に有名な女優さんが搭乗なさったときも、同じような光景を見たのです。何度となく、ご自分の顔を手鏡に写し、覗き込んでいる姿がありました。元々数の少ない2階席を担当していたときのことで、鮮明に覚えています。

大袈裟でなく、3分に1回くらい、頻繁にご自分の顔をチェックしていました。その当時はとても不思議に思っていましたが、美しい肌は健康・精神状態の表れですから、自らしっかり自分を見つめて意識を高めていらしたのでしょう。

人前で鏡を見ることは、勧められることではありませんが、自意識過剰なくらい自分を見つめることに注目したいと思います。
もちろん、顔やスタイルだけでなく、手入れされた爪やつやのある髪、しわのないドレス、品のある鞄など、自分らしい演出で美しいフォームを伝えることはできます。外見のみに頼らず、知性、教養、品格、美徳、人格を磨き、内面に価値を置いていくことで、ますます女性としてきらめき続けることができるでしょう。

**年齢と共に変化する自分を自覚しながら**
**質の高い睡眠や定期的な運動などで、体のメンテナンスを**

# 夢の叶え方
## 欲張りなくらいがちょうどいい

### コンプレックスをバネにCAの世界へ

「皆さんは欲深いですか」

「欲深いです」と、私は躊躇することなく、答えます。

「え〜本当ですか。意外です」

そのような声が聞こえてきそうですが、本当です。

ただし、物質的な欲、人のものを奪う欲、つまり非難されるべき欲ではありません。

成長欲、知識欲、夢を叶えたい欲のことです。自分はいくつになってもまだまだと思っていますし、完璧な人間ではありません。弱みもありますし、コンプレックスもあります。だからこそ、知らないことは、もっともっと学び、知恵と替え、強みを伸ばしたい、高みを目指して、夢を叶えたいと思い続けていきました。

人のやる気は欲から生まれると思っていますので、欲を大切にしたいのです。欲張り過ぎがちょうどよいと思っています。

人と争うための欲ではなくて、自分の内なる心が本当に求めている心の声から生まれる欲を大切にしてきました。

おかげで、今まで、こうありたいと思うことはすべて叶えてきました。とはいえ、すんなり成就することもあれば、なかなか思うようにならなくて、奮闘したこともありました。

もうだいぶ前のことですので、お許しいただいて、私の恥ずかしい話をお聞かせします。ANAの入社試験のときのことです。筆記テスト、グループ面接、個人面接、役員面接、身体検査と4次試験までありました。

冷や汗を何度もかきながら、なんとか、最終の運動機能チェックと身体検査に残りました。その当時は、項目として身長制限はないものの、現役の方を拝見していると、すらっと背の高いスタイルの良い方ばかりでしたので、身長が160センチに満たない私は、ここで落とされるわけにはいかない、何かできることはないだろうかと必死に考えました。面接の段階から、身長が低い分を挽回をしようと、他の方よりも大きな声で挨拶したり、好感を持ってもらえるように、細心の注意を払って身だしなみを整えたり、表情も満面の笑みを心がけました。

マナーを人一倍良くすることで、点数を稼いできました。どうしても自分が望んだ航空会社で働きたかったからです。

しかし、身体測定ではどうすることもできません。機内では、手荷物を座席上の物入れに収納することが多いですから、物入れを閉めたり、ロックを確認するには、ある程度の身長がないと業務に困難をきたす恐れがあるのです。

「しかしここまで来て、不合格になるなんて……」

考えた挙句、あることを実行しました。頭のトップの部分に、逆毛を思いっきりたてて、かもじ（頭を膨らませる人口の毛）を詰めたのです。おそらく、3センチは高くすることができました。今は笑い話ですが、本当に泣く泣く、考えた末のことでした。今、考えると、思わず吹き出してしまうような、不自然なヘアースタイルだったように思います。しかし必死の思いが、夢を叶えました。合格通知が届いたのです。飛び上がって喜びました。

決して自慢できることではありません。しかし、自分の夢を達成させるために、あらゆる手段を考えてみる、欲深くなってみることも大切と、お伝えしたかったのです。

コンプレックスがあったからこそ、内定をくださった会社への恩返しがしたくて、最高のCAを目指してきました。仕事への情熱は誰にも負けないつもりでした。

他人と比べる幸せではなくて、自分が望む幸せを、女性の皆に感じてほしいと思っています。

幸せになれるか、なれないかの違いは、幸せを求める強さ次第だと思っています。欲張り過ぎぐらいに強く求めることで、人生は面白いように叶っていきます。そう信じることです。

**コンプレックスがあれば、人一倍工夫できます**
**強い思いが、夢を叶えます**

# 人間関係

## 願いは、周りの人に伝えましょう

### わがままな人は魅力的

わがままとは、本当の自分の意志を実現させていくことです。

「我のまま」つまり、自分の意志を貫くわがままさです。

「私はわがままです」そう公言できます。

人に迷惑をかけるわがままではなく、自分が「これ！」と思った想いを大切にして、思うままにふるまえる、行動し続けるわがままです。わがままであることで、自分の人生は自分で変えられると思ってきました。

「自分さえよければ、それでいい」それはエゴです。人を傷つけたり、人に迷惑をかけるものでもありません。そういう意味ではありません。

自分本来の意志を見つめて、本当に自分が喜ぶことなのか、まずは自問しなくてはなりません。そして、自分の思いを周囲に伝えて、相手の立場を慮り、思いやりの心で接し、周りと調和していきます。

わがままであるためには、他人のことを考える調和、和の心が必要です。

当然、わがままは、自己責任を伴いますので、自分勝手では困るということです。

私の社会人スタートは、CAとお知らせしましたが、実は、元々は教師になりたかったのです。そのため、教員免許も取得しました。なぜ、CAになったのかというと、教育現場に出る前に、いろいろな方と出会って、自分を成長させたかったからです。生徒を導くということは、当然、知識、スキル、テクニックだけでなくて、人間力が必要になってきます。人間としての幅も深みを増してから生徒の前に立ちたかったのです。CAの仕事は女性としての深みを増す、人格づくりには最高の職種だったと感謝しています。人は人によって磨かれます。仲間、お客様、多くの方に磨いていただきました。退職後、ANAグループの関連会社の語学スクールの客室乗務員養成講座の講師を務めることになりました。念願が叶ったのです。在職中も「先生になりたい」と公言していましたので、その言葉を聞いていた先輩が、声をかけてくれました。8年前にはANAグループの人材育成の会社として、ANAラーニング株式会社が設立され、講師として呼んでくださいました。先輩がその言葉を覚えていて、推薦して下さったのです。

ひとりで成し得ることは限られています。今まで、たくさんの人に応援してもらい、助けてもらい、引き揚げてもらい、願いを叶えてきました。ですので、いろんな経験をさせていただいた今、今度は自分に力をつけて、人を応援し、励まし、支えになる番だと思っています。

自分が本当にやりたいことを貫き通すためにも、周囲の人の応援が欠かせません。愚直に思い続ける、人に夢を伝える、心の中で描いていたものが現実になると信じ続けることが、周りを巻き込みます。

そうするには、「わがままさ」が大事ということです。

また、私にとって、わがままな人は魅力的です。自分には、予測できない行動をしますから、一緒にいて、いつもワクワクで楽しいのです。

人は人間関係の良し悪しで幸せを感じるものです。

すべて人との出会いが、仕事でもプライベートでも、幸運も運んできてくれます。

恩師、人生のパートナー、友人、仕事仲間、お客様、自分の意志をはっきり伝えながらも、相手の心にも光を当てて、一緒に成長できる人間関係がいかにつくれるかが人生の価値を決めると思っています。

良い、悪い、の判断基準でなくて、また、人に迎合するのではなく、言いなりになるのでもなく、自己主張ができてこそ、自分らしい幸せをつかむことができます。

**自分の意志をはっきりと伝えましょう**
**すべての人との出会いが幸運を運んできます**

# 生きがい

## 10年ごとに節目をつくりましょう

### 女性の人生は多面体

少しだけ、プライベートな話をしましょう。

私は、2人姉妹の長女として育ちました。娘として、姉として、両親に育ててもらいました。学生時代は部活動や友人との交流がなによりの楽しみでした。

社会人をスタートさせたのは、航空会社でした。ご縁あって、ANAで10年程、CAとしてお世話になりました。地上に降りて、プロジェクトチームにも参加しました。その当時は今のように、CAが、他職場で活躍することがあまりない時代でしたが、様々な人との出会い、新しいことへの挑戦が生きがいとなっていました。

その後、「この人」と思える伴侶を見つけ、結婚しました。妻、嫁として夢中だった時代です。価値判断はそれぞれですので、女性にとって、結婚、出産の道が必ずしも幸せとは言いきれませんが、女性としての人生のあらゆる舞台に立つことは楽しいことだと思います。

ちなみに、私の結婚相手を選択する基準は、思いやりの心と、お互いが2人になることで、さらなる可能性が溢れ出るかどうかということでした。

束縛し過ぎず、お互いが、やりたいことを、思いきりやれる環境をつくり出せることです。「幸せにしてもらいたい」と夫に依存する関係ではなくて、自分をしっかり確立したうえで、お互いが協力し合う、応援し合う関係の築ける人が、私にはなにより魅力的でした。

恋愛や結婚では、「してもらう」ことより「それぞれが輝ける」状態が大切だと思います。自分と相手の間には「鏡」があると思っています。相手が良くない態度なのは、結局は自分のせいです。相手の良いところが見えるのも、それは自分自身にかかっているということです。

できれば、子育ても体験したいと思っていました。幸い、双子の男の子を授かり、子育て＝自分育てができました。物心がつくまでは、どうしても自分自身で育てたくて、大変な時期もありましたが、なんとか乗り越え、母として生きがいを感じられる時代でした。子供の学校では小学校から、高校まで役員活動もしてきましたので、先生やご父母の方との交流も楽しめました。今でもそのご縁は続いています。

現在は、第二の人生の幕を開け、永年の夢でした執筆活動、研修、講演、茶禅の普及をしながら、作家、コンサルタント、作法家、そして茶道師範として様々な顔を楽しんでいます。


私は、女性の人生を六面体（サイコロ）でとらえています。

今、一番の関心事、生きがいは、仕事です。ですので、私のサイコロの上部は職業人、その底辺である裏の部分は家庭人、家族の協力のおかげで、少しだけ手を抜かせてもらっています。

側面は、母であり、反対の面は娘。

そして、妻であり、女といえるでしょう。

年齢や人生のタイミングによって、そのときどきの一番大切な役割は変化すると思います。それぞれの舞台での役割を通して、女性としての生きがいをその場その場で、徹底的に見出して、楽しめばいいと思っています。

当然、思い通りにならないこともありますが、それはそれで、また人生は面白いのです。

女性としての幸せを存分に満喫しています。信頼できる妻として、聡明な母として、そしてときめく女として、いくつになっても輝いていられるといいなと思います。演じたい役割を得るための努力、演じる努力を楽しみながら続けましょう。

私はこれまで女性の一生を竹の節目のように区切って、10年ごとの目標を決めて人生を歩んできました。

20代は、30代を充実させるための準備期間です。この10年をどう生きるかで、女性としてのアウトラインが決まります。仕事を通して、自分を成長させる10年間です。上司から仲間からそしてお客様から多くのことを教えていただきました。

30代は勝負のときです。仕事を続けられている方は結果を出していくときです。そして子どもに恵まれた方であれば、子育ての時期です。子育ては、過保護に面倒をみるということではなく、女性が人生をかけて、真剣に取り組むべき最高の出来事です。子育てをすることで、自分育てができます。

また、子育てをしながら、子どもが手を離れたときの自分像を明確にして、必要であることを準備し、手に入れる時期でもあります。

40代は第二の仕事期です。職業人として自分が本当にやりたいことを見つめ直して、やり続けるときです。

50代はさらに自分に与えられた天命を知って、深めていく時期でしょう。多くの人に影響力を及ぼすことができます。

そんなことをいつも考えていましたし、実行してきました。60代、70代になれば、また人のためにできることが増えることでしょう。

いくつになっても、そのときの変化に対応できるように、楽しいこと、美しいもの、魅力的な人に囲まれて生活していること、満たされている感覚を大切に、感謝する心を大切にしましょう。


「あなたの生きがいは何ですか。今、生きがいはありますか」

そう聞かれたらどうお答えになりますか。

生きがいを得たいなら、本当に自分が望んでいるものが何かを、自分の内なる心に問う時間が必要です。日々忙しくしている方も、静かなときを持って、一度じっくり考えてみてください。

他人の価値ではなく、自分自身の考えを大切にしてください。人と同じである必要は全くありません。私が生きがいを感じられてきたのは、常に、「私の生きがいとは何か」と、真摯に追求し続けていたからだと思います。

## 10年は、人生の節目
## テーマを見つけて、自分と向き合いましょう

# 感動

## 美しいもの、美味しいもの、楽しいことに敏感に

### 感動が人生をつくる

「最近、感動なさいましたか」
私は毎日、感動しています。
生きていくことは感動することだと思っています。

いかに小さなことでも感動できるか、どんなものを見て感動できるかが、幸せへの近道です。豊かな創造性があれば、何を見ても、何が起きても、人は感動することができます。

感動とは喜びです。魂が喜ぶことが、震えることが、感動でしょう。

朝、目覚められたことへの感動、感謝。鳥のさえずりや空気の清々しさ、季節ごとに咲く美しい草花を見つけた感激、ちょっとした思いやりや心に触れた感動、ほんの少しの優しい言葉かけにも感動、期待以上「え……こんなことまで」言葉にしていないのに相手が察知してくれて、行動してくれたことに対する驚きと喜びに感動、人に囲まれている幸せ、ゆっくり体を休めることのできる家庭への感謝。

多くの感激、感動、感謝が、皆様の身の回りには溢れています。

**自然の美しさを感じ、芸術に親しみ、五感で楽しむことに敏感でいたいものです。**

気づかなければ通り過ぎてしまいます。感じる力を養いましょう。

毎日、心を動かしていると、幸せは舞い込んでくるものです。

感動のない人生を考えてみてください。

本当の喜び、豊かさは得られないのではないでしょうか。

そのために必要なことは、好奇心の旺盛さです。見たい、聞きたい、触りたい、知りたいから始まり、もっと楽しみたい、もっとときめきたい、そしてもっと感動したいと強く思うことで、幸せを手に入れることができます。

好奇心旺盛な人は、安定よりも不安定、安心感よりも刺激的なことを好むのではないでしょうか。実にいろいろなことに興味を持ち、あらゆる可能性に心を開いていますから、人との付き合い方においても積極的です。

感動屋さんは、美しいもの、美味しいもの、楽しいことが大好きです。いくつになっても、新しい発見を楽しむことができます。

想像力豊かで柔軟に物事を判断するので、ユニークな可能性を持った友人が増えていきます。

そして、好奇心旺盛で、感動し続けるためにも、いつまでも健康でなくてはなりません。**健康はすべての源**です。体は年と共に衰えていくものです。誰でも何もしなければ、筋肉は落ち贅肉がつきます。体力が落ち、やる気がなくなります。新しいことに興味を持たなくなります。面倒くさいと思ってしまうのです。

感じる力が鈍ると、「このくらいのこと」と、心が動かなくなってしまいます。

いつまでも感動し続けるために、身も心も鍛えておきましょう。

美しく年を重ねるには、食事や適度な運動を通じて、体を磨いておきましょう。

感動を感じる種、そして豊かさを感じる資質は、誰もが持っているものです。あなたの心にも元々あるものです。

**感動とは喜びです**
**好奇心を持ち続けるために、体を大切にしましょう**

# おわりに――マナーで未来を拓く――

最上級のマナーを心がけていると、世界広がり、舞台が変わることがおわかりいただけましたでしょうか。

どうぞ、「美人オーラ」を発揮しながら、「幸せオーラ」を醸し出してください。魅力的になるのも、麗しくなるのも、特別な人だけに限ったことではありません。誰でも、幸せに生きるためのマナーを「実践」すると、心の豊かさを手に入れ、きらめく人生を送ることができます。

人から大切にされる人は、人のことをとても大切にしています。

思いやりのある、マナーを身につけている女性なら、誰からも愛され、未来を拓くことができます。

マナーを知っている、わかっているだけの自分ではなくて、美しい実践者になりましょう。

中国五経の一・礼記の言葉『礼釈回　増美質』（礼は回れるを釈て、美質を増す）は「礼（マナー）は心がまっすぐになり、本来持っている自分の良いところ・美しさを伸ばす」という意味です。人間としての折り目、けじめ、思いやりを大切にすることで、女性が本来持っている優しさ、強さ、豊かさを引き出し、自分も周囲も幸せにしていく生き方ができることでしょう。

幸せはすでにあなたの隣にあり、自らがつかんでいくものです。

メディアファクトリーの編集者、井上かおりさんには、「慎み深さ」と「期待」で、自分が気づいていなかった可能性を引き出していただきました。『和ごころ会』の会員の方がたには、女性ならではの多くのヒントを頂戴しました。心より感謝申し上げます。

これからも皆様と共に、魅惑的な未来の創造をしていきたいと思います。

皆様の輝かしい人生を心より応援しております。

2013年4月

三枝理枝子

# 三枝理枝子

*Rieko Saegusa*

株式会社ストロークジャパン代表取締役、作法家、ストロークコンサルタント、
茶禅主宰、裏千家茶道師範(茶名:宗理)
青山学院大学文学部英米文学科を卒業、全日本空輸株式会社(ANA)に入社。
国内線、国際線チーフパーサーを務め、
VIP(皇室・総理・国賓)フライト乗務など幅広く活躍した後退職。
その後ANAラーニング株式会社の人気講師として、様々な企業への研修を実施。
現在は『和魂進取』を理念に、株式会社ストロークジャパン代表として、
「人と組織を根本から元気にする」人財育成・コンサルティングに携わる。
講演、人財育成に関する研修・コーチングを年間100回以上実施。
研修では99%のリピート率の高さを誇る講師と評価されている。
また、ストロークメソッド創始者として、ストローク
(相手を認めて、可能性を引き出す行為)を広める活動や、
心の豊かさに焦点を当てた『茶禅会』—自己実現瞑想茶会—を開催。
和の心を持つ、楽しく、輝く、美しい女性たちの集まり、『和ごころ会』主宰。
著書にシリーズ累計16万部のベストセラー
『空の上で本当にあった心温まる物語』(あさ出版)や
『チャンスをつかむ雑談力』(ソフトバンククリエイティブ)、
『空のおもてなしから学んだ世界に誇れる日本人の心くばりの習慣34』(中経出版)、
『ビジネスで差がつく　マナーの心得』(サンマーク出版)などがある。

## 『和ごころ会』会員制

心と体を磨きながら、感動に触れ、人生をイキイキと生きていきたいと願う女性達が、
お互いを師と仰ぎ、お互いが学び合う会。

ウェブサイト:http://saegusarieko.com
FBファンページ:http://www.facebook.com/rieko.saegusa
お問合せ:info@strokejapan.com

リアルな場ですぐに役立つ

# 最上級のマナーBOOK

2013年4月5日　初版第1刷発行

著者
三枝理枝子

発行人
後藤香

発行所
株式会社メディアファクトリー
〒150-0002 東京都渋谷区渋谷3-3-5
0570-002-001（カスタマーサポートセンター）

印刷・製本所
株式会社光邦

イラストレーション
永宮陽子
（visiontrack.jp）

ブックデザイン
albireo

校正
齋木恵津子

編集
井上かおり

定価はカバーに表示してあります。

ISBN978-4-8401-5153-5 C0034